밀레니얼은
왜 가난한가

밀레니얼은 왜 가난한가

불평등에 분노하는 밀레니얼, 사회주의에 열광하다

엘렌 레이저 지음 ㅣ 강은지 옮김

나
아날로그

차례

일러두기

1. 옮긴이, 편집자 주는 각주로 표기했다.
2. 국내에 출간되지 않은 도서는 원서명을 병기했다.
3. 도서, 신문, 잡지는 《 》로, TV 프로그램, 기사, 칼럼 등은 〈 〉로 구분했다.
4. 외국 인명은 처음 1회에 한해 원어를 병기했으며,
   국립국어원의 외래어 표기법의 원칙에 따라 표기했다.

스마트폰에 열광하는 젊은이들에게
깔맞춤인 카를 마르크스 '형님'

카를 마르크스는 술고래인데다 청소부 아가씨를 임신시켰다는 소문이 있던 19세기 유럽의 백인 난봉꾼이었다. 그는 늘 저기압이었다. 오늘날 그가 TED 강연에 나왔다면 우리는 '저 신경질적인 노인네는 웃을 줄 모르나? 머리는 빗고 사나 몰라?' 하고 의아해하면서 얼른 다른 강연을 틀어 버렸을 것이다. 적어도 "이래서 우리가 사는 세계가 엉망진창 똥통에 빠지게 된 거다"라는 소리보다는 낙관적인 주제를 다루는 단정한 스타일의 연사에게로 말이다.

이 책은 유럽의 난봉꾼이 청소부 아가씨와 함께 보낸 방탕한 주말에 대한 일화 등을 담은 마르크스 일대기 같은 것이 아니다. 그보다는 최근 들어 다시 열광을 받고 있는, 이른바 '똥 골라내기'라는 혁명적 프로젝트에 대한 기본 안내서라고 볼 수 있다.

'사회주의'라는 케케묵은 용어를 어디에선가 들어 본 적 있을 것이다. 그렇지 않다면 사회주의에 대한 끝내주는 마르크스식 버전을 알려 준다는 책 따위 결코 집어 들지 않았을 테니까. 그런 의미에서, 처음부터 직설적으로 말해야겠다. 마르크스식 '사회주의'(지금부터 겹주는 인용부호는 빼고 이야기하겠다)는 사회주의 그 자체에 대한 해설이라기보다 자본주의를 이해하기 위한 도구에 가깝다. 마르크스주의 자들에 따르면, 자본주의는 돈 문제뿐만 아니라 우리의 일상생활 전반에 부정적인 영향을 미친다.

　다시 말해 자본주의냐 사회주의냐 하는 문제는 단순히 경제에 관한 문제가 아니다! 이 말이 여러분에게 좀 안도가 되었으면 좋겠다. 이 책에서 우리는 이윤, 상품, 노동 같은 딱딱한 개념보다는 그래도 조금은 더 신나는 이야기를 하려고 하니까. 우리는 모두가 풍요롭게 살 수 있는 세계에 대해 이야기할 것이다. 더 나아가 우리가 종종 경험하는 불쾌함에 대해서도 다룰 것이다. 우리의 감정은 자본주의로 인한 병폐를 진단하는 데 중요한 요소다. 그리고 마르크스가 한 일이 바로 이 자본주의에 대한 진단이었다. 이제 우리가 치료법을 찾아야 한다. 내가 그랬듯, 여러분에게도 이는 신나지만 동시에 미치도록 힘 빠지는 과제일 것이다.

　유명한 혁명적 사건이었던 1917년 러시아 10월 혁명 100주년에 딱 맞춰 이 사회주의라는 용어가 다시금 회자되고 있다. 2016년 미국 대선을 눈여겨 살펴보았다면 버니 샌더스 후보가 이 말을 사용하는 것을 들어 본 적이 있을 것이다. 또는 2017년 프랑스 대선을 관심 가지고 지켜봤다면 극좌파 정치인인 장 뤽 멜랑숑Jean-Luc Mélenchon 후보가 버니 샌더스보다 더 전통적인 의미에서 진지하게 이 용어를 사용하는 것을 들어 보았을 것이다. 아니면 영국 노동당 정치인 제러미 코빈과 그의 지지자들이 이 용어를 사용해서 노동당을 유럽에서 가장 크고 가장 젊은 정당으로 만든 모습을 보았을 것이다.

다양한 이유로 인해 많은 사람들이 제1장부터 지겨워할 사회주의 담론, 누군가는 '공산주의'라고 하기도 하고, 또 누군가는 '유물론 좌파' 따위의 머리 아픈 용어로 부르기도 하는 사회주의 담론이 최근 점점 더 자주 공론화되고 있다. 더 이상 가족의 명절 식사자리나 19세기 백인들만을 위한 논의가 아니다! 이제는 탐구심 강한 수많은 젊은이들이 오래 전 유럽의 어느 작은 방에서 마르크스가 집필한 사회주의라는 말에 더는 기분 상하지 않겠노라 결심한 것 같다.

나이가 많건 적건, 나처럼 중년의 쭉정이든 아니든, 평범한 사람이 그냥 충동적으로 사회주의에 관심을 갖지는 않을 것이다. 무슨무슨 '주의'에 관심을 가지는 것은 시간을 엄청나게 투자해야 하는 고통스러운 일이다. 특히 그것이 수십 년 간 악평을 받아 온 사상이라면 더 말할 나위가 없다. 그리고 사회주의는 바로 그런 혹평에 시달려 왔던 사상이다. 더 이상 대학에서 진지하게 마르크스주의를 가르치지 않는 시대에 마르크스주의의 의미를 이해하고 있거나 한 건지 의문스럽지만, 많은 이들이 누군가를 비방할 때 흔히 '빨갱이'나 '마르크스주의자'라는 말을 사용하곤 한다.

마르크스주의가 너무 이상주의적이라거나 너무 나태하다거나 오늘날 노천 석탄 광산만큼의 효용도 없다고 말하는 사람들도 있다. 냉전 시대를 기억할 만큼 나이가 많고 어느 정도 사유재산을 소유하고 있는 사람들은 마르크스의 사회주의에 대해 단 한 줄도 읽지 않고도 다양한 방법으로 이를 거부한다. "더 이상 좌파와 우파의 구분이 없다" 거나 "그 헛소리는 아이폰2와 함께 쓰레기통에 들어갔다"는 식이다.

음, 개소리는 이제 그만. 마르크스가 주장한 대로 사회주의를 이해한다면, 사회주의는 강력하고 흔들림 없는 것처럼 보이는 자본주의에 대한 비판이자 지구상 모든 인간의 삶을 지배하는 거대한 어떤 것의 필연적인 그림자를 의미한다. 그렇기에 서구의 많은 젊은이들이 오늘날 사회주의의 필요성을 다시 한번 주장하고 있는 것이다.

이른바 대안 우파*의 부상을 다룬 저명한 저서들이 다수 출간되고 있다. 다문화주의나 페미니즘 같은 소수자에 대한 배려는 필요 없다고 주장하는 젊고 독선적인 보수주의자들을 다룬 기사들이 수없이 쏟아지고, 천박한 국수주의를 추구하는 집단을 미디어가 어떤 식으로 다루는지도 본다. 그러나 이런 주류 언론에서 위대한 좌파주의의 강력한 재부상에 대한 내용은 찾아볼 수 없다. 이것이야말로 우리 시대의 진정한 사상적 전환임에도 불구하고 말이다. 바로 지금 세계 전역에서 자본주의가 우리의 미래를 결정하도록 맡겨 둘 수 없다는 생각으로 단결한 젊은이들이 주도하는 시위가 벌어지고 있으며 관련 정당들이 생겨나고 있다.

이 젊은이들을 보라! 이들은 차갑게 식어 버린 늙은 나의 심장마저

● 미국 주류 보수주의의 대안으로 등장한 극단적인 보수주의 정치 집단으로, 도널드 트럼프 지지자들을 중심으로 부상한 세력을 말한다.

도 뜨겁게 한다. 스스로 사회주의자라 주장하는 샌더스와 코빈 같은 이들을 지지하는 집회에 많은 청년들이 참여했다. 2016년에는 다양한 여론조사에서 청년들이 사회주의에 대한 선호와 자본주의에 대한 강력한 불신을 드러냈다. 분노한 적색 비판ʳᵉᵈ criticism에 참여하는 아주 어린 세대들도 있다.

청년들은 심지어 나에게 이메일까지 보내기 시작했다. 그들은 내가 쓴 책에서 마르크스에 대한 언급을 본 후 '할머니, 마르크스주의가 뭔가요?'라고 묻는 이메일과 페이스북 메시지를 보내곤 한다. 그러면 나는 마르크스주의가 어떤 것을 하지 않는지부터 설명한다. 마르크스주의는 신중한 척 '정치적 올바름' 같은 입바른 소리만 하는 담론의 힘을 믿지 않는다거나, 세상을 더 나은 곳으로 바꾸는 주체는 권력을 쥐고 있는 사람들뿐만이 아니며, 당신이 고귀한 신분을 가지고 있는지 아닌지도 상관이 없고, 그보다는 어떻게 모두가 서로 어깨를 나란히 하고 멋진 미래를 위해 함께할 수 있을 것인지에 더 관심이 있다는 이야기들 말이다.

2016년 초, 나는 애나라는 똑똑한 청년의 이메일을 받았다. 그녀는 마르크스주의가 뭘 말하지 않는지가 아니라 무엇을 말하는지 알고 싶다고 말했다. 마르크스주의에 대해 약간 설명해 주자, 애나는 '죽여주는' 분석이라고 하면서 마르크스라는 남자의 사상에 대해 더 많이 알려 달라고 부탁했다. 나는 그녀에게 마르크스의 어떤 부분에 관심이 있는지 알고 싶다고, 그래야 얼마나 시간을 들여 설명할지 알 수 있을 것 같다고 답했다. 그녀는 마르크스에 대해 조금 읽은 적이 있는데 '끝내줬다'고 말했다. 시간만 있다면 더 자세히 알아보고 싶다면서 우버 기사이자 작가이고, 가게 종업원으로 일하는 자신에게 간단히 요약해 달라고 했다.

그래서 준비했다, 군살을 쫙 뺀 마르크스. 물론 이 책은 우리가 소위 '긱 경제gig economy'라고 부르는 임시직 선호 경제, 그러니까 이런 엿같은 환경에서 살아남기 위해 아등바등 힘쓰느라 시간이 부족한 젊은이들만을 위한 것은 아니다. 이 책은 수세기 동안 부에 절어 야들야들해진 지배층의 살코기를 포식하기 전 마르크스를 살짝 맛보고자 하는 모든 이들을 위해 쓰였다. 그러나 청년들이 지금 상당히 허기가 진 것처럼 보이니, 일단 나의 레닌 모자를 씌워 주어야겠다.

그런 점에서 청년 동지들이여, 내가 너무 늙었다는 데 용서를 먼저 구해야겠소. 청년 노동자 계층이 목매다는 흔해 빠진 '움짤' 하나 찾지 못하고 레닌과 트로츠키를 두고 '팬픽을 쓴다거나' 할 수는 없다는 것을 미리 말해 주어야겠소. 청년들의 멋진 말투를 따라하자면, 아마 이런 식으로 말하면 되려나. "헤이, 거기 멋진 오빠, 같이 마르크스 어때요, 콜?"

오래 전 유럽에 살았던 난롭하고 복잡한 이 사상가가 주장한 바를 짧게, 새롭게 설명해 달라는 요청이 많았다. 그런 점에서 이 책은 혁명적인 전채 요리, 그러니까 마르크스 맛보기라고 하면 될까. 시식용 한 입 정도로 생각해 주면 좋겠다.

　다시 한번, 청년 동지들이여, 내가 나라는 점에 대해 미안하게 생각한다오. 애나 같은 감각적인 사람, '깊은 빡침으로 얻은 깨달음woke'이라는 말의 뜻을 구글에 검색하지 않아도 되는 사람이 이 책을 썼다면 더 좋았을 텐데. (그건 그렇고, 이 단어 최근에 배운 건데 꽤 마음에 든다.) 이 '깊은 빡침으로 얻은 깨달음'이라는 말은 마르크스식으로 하자면 '계급의식'을 말하는데, 이에 대해서는 나중에 더 이야기하기로 하겠다. 지금 나의 주 관심사는 눈물 나게 불쌍한 밀레니얼 세대들이기 때문이다. 지난 100년을 통틀어 역사상 가장 가난한 세대인 여러분 말이다.

　밀레니얼 세대는 고단한 삶을 살고 있다. 이미 문제를 제기한 이들도 있지만, 지금의 경제체제에 아주 특별한 개혁 조치가 이루어지지 않는 한 상황은 더 나빠질 것이다. 잘사는 금수저 부모 밑에서 태어나지 않은 이상 여러분을 기다리는 미래는 절대적 불확실 그 자체다. 정치인이나 자산가들은 이 불확실성을 "위기는 곧 기회"라거나, 기업가 정신을 키울 수 있는 기회라는 식으로 재포장하기도 한다. 마르크스주의자들이 들으면 개소리하지 말라고 하겠지만.

　안정적인 거주지를 마련할 능력이 없다고 요즘 젊은 세대는 참을성이 부족하다거나 정신이 나약하다는 등의 인성론을 꺼낼 때가 아니다. 일자리 시장은 유래 없이 심각하게 축소되었으며, 임금은 만년 그대로다. 학위 과정이 끝날 때쯤이면 존재하지 않을지도 모르는 일자리에 맞는 자격을 얻기 위해 젊은이들은 엄청난 돈을 쏟아붓는다.

그렇게 노력한다고 이 상황이 '살아 있어서 행복한' 시대로 만들어 줄 리도 없는데 말이다. 현재를 진정으로 즐기는 유일한 사람들은 엘리트 투자자 계급의 사람들이다. 이들을 가리켜 '1퍼센트'라 부르는 걸 들어 봤을 것이다. 더 정확하게 말하자면, 많은 경제학자들도 인정하듯 이들은 1퍼센트 중 1퍼센트의 사람들이다.

참 운도 없다, 밀레니얼 동지들이여. 아, 물론 너무나 많은 젊은 세대들이 마주하는 "네가 가진 게 얼마나 많은지 몰라서 하는 배부른 소리야. 입 다물고 값비싼 브런치나 즐기시지"라는 비난도 있듯, 개발도상국에 사는 동지들보다는 상황이 좋다고 해야 할지도 모르겠다. 적어도 여러분은 중국의 공장 기숙사에서 잠을 청하지도, 콩고의 피웅덩이에서 희유원소를 채굴하지도 않으니까 말이다. 여러분은 우버라든가, 스트리밍 비디오, 저가의 패스트 패션 같은 멋진 혜택도 누리고 있다. 잘사는 나라의 사람들만이 누릴 수 있는 이 모든 좋은 것들을, 여러분은 중국과 콩고의 노동자들이 만든 기기들을 통해 접근할 수 있다.

지금쯤이면 여러분도 눈치채기 시작했을 것 같은데, 그런 여러분도 가지지 못한 것이 있으니 바로 약속된 미래다. 여러분은 평생 "노력한다면 이룰 수 있어"라는 말을 많이 들어 왔을 것이다. 하지만 이제는 여러분도 안다. 아무리 노력한다 한들 정규직 일자리, 살기 좋은 보금자리, 또는 교육 수단이 보장되지 않는다는 현실을. 심지어 '아이를 가져 볼까' 하는 생각조차 돈 걱정 때문에 다시 한번 생각해

봐야 한다. '꿈을 따라가라' 같은 금언들은 자본주의가 악몽이 된 오늘날에는 거의 무의미해졌다.

세상이 여러분을 실망시키는 것처럼 느꼈다고 해서 여러분이 겁쟁이라는 뜻은 아니다. 실제로 세상은 여러분을 실망시켰고, 우리가 사는 시스템이 붕괴되기 시작한 건 여러분의 잘못이 아니다. 여러분이 원해서 메뚜기처럼 일자리를 여기저기 옮겨 다니는 것은 아니지 않은가. 일부러 중국이나 콩고의 노동자들을 괴롭혀 피땀으로 아이폰을 만들도록 강제한 것은 아니지 않은가. 맛있는 샌드위치 하나 먹겠다고 내 집 마련의 기회를 내팽개친 것은 아니지 않은가.

오, 샌드위치가 주식이 된 밀레니얼 세대여. 다음에 또 어떤 베이비부머 세대 투자자가 여러분더러 커피나 샌드위치 같은 주전부리에 돈을 쓰느라 미래를 먹어 치우고 있다고 비난하거든, 미국의 중산층 주택 보증금 13만 2,000달러를 모으려면 15달러짜리 샌드위치 8,800개를 포기해야 한다고 말해 주어라. 무려 25년 가까이 매일 그날치 샌드위치 값을 아껴서 저축하라는 건데, 그렇게 허리띠를 졸라매 가며 돈을 모아 봤자 25년 후면 너무 나이가 많다고 대출 부적격 판정을 받게 될 거다.

내 집 마련에 '선택지'는 존재하지 않는다. 내 집 마련이라는 목표 자체가 이 사회에서 젊은 세대에게 부과한 인위적 선택지다. 게다가 이 사회의 정치경제가 너무나 철저히 자기기만에 빠진 덕분에 이제는 그 선택지가 잘못되었다는 사실조차도 알아차릴 수 없게 되었다.

그래서 이 생각을 옹호하는 사람들은 말도 안 되는 헛소리를 해댄다. 그들은 젊은 세대에게 "네가 가난한 이유는 네가 구제불능 문제아라서야"라고 말한다. 이런 말은 변명일 뿐 '경제학'이 아니다. 이런 일방적인 비난으로는 아무것도 설명할 수 없다.

나이가 적든 많든 한 번쯤은 왜 내 삶은 이렇게 나빠지기만 하는 걸까 하는 의문을 가져 봤을 것이다. 당신이 부유하든 무일푼 거지든 간에 이웃 교외나 저 먼 곳에 사는 이들의 망가진 삶에 대해 의문을 가져 본 적이 있을 것이다. 한편으로는 그런 생각이 너무 고통스러운 나머지 오래 숙고하지는 못했을 것이다. 누가 나의 아이폰을 만들었는지, 내가 탄 우버를 운전하는 저 수단 출신 남성은 왜 저리도 비참하고 향수에 가득한 얼굴을 하고 있는지 같은 의문들은 마음에 오래 담아 두기 쉽지 않다.

마르크스주의가 이런 의문에 대한 마음의 짐을 덜어 주는 것은 아니지만, 최소한 머리의 긴장은 완화시켜 줄 수 있다. 겨우 여덟 명이 전 세계에서 가장 가난한 절반이 가진 것보다 많은 부를 주무르는 세계, 10억 명이 굶주리는 세계, 기업에 세금을 낼 의무도, 유의미한 고용을 창출할 의무도 면제해 주는 세계, 이런 오늘의 세계를 사는 많은 이들이 짊어지고 있는 고통과 빈곤의 근원을 묻는 질문에 마르크스의 사회주의가 답을 해줄 수 있다. 더 나아가 이러한 문제를 시정해 줄 수 있을지도 모른다.

마르크스의 사회주의는 우리가 어쩌다 이 지경이 됐는지 이해하는 한 가지 방법이다. 마르크스의 사회주의는 가슴 찢어지는 힘든 질문에 답하는 방법이기도 하다. 마르크스의 사회주의는……

음, 이제는 그 추잡하고 멍청한 노인네가 없었더라면 결코 쓰이지 않았을 책을 그만 시작하는 게 낫겠다. 사회주의는 '개개인의 자유로운 발전이 사회 전체의 자유로운 발전의 조건'이라는 주장에 대한 비판이다.

자, 이제 우리 함께 자유에 대해 이야기해 볼까? 한 사람 한 사람을 위한, 그리고 모두를 위한 자유에 대해.

제1장

희대의 말썽쟁이 트럼프는 어떻게 세계에서 가장 강한 나라의 대통령이 되었을까?

미셸 오바마, 도널드 트럼프를 당선시키다

자유. 이 얼마나 개 같은 헛소리인가. 누구나 자유를 원한다지만 자유를 찾으면 어떻게 알아 볼 수 있는지는 고사하고, 어디 가면 자유를 찾을 수 있는지 그럴싸한 설명을 내놓은 이조차 거의 없다. 그러나 마르크스는 우리에게 이에 대한 실마리를 남겼다. 현대 세계가 자유를 찾아 탈출하는 데 길잡이가 되어 줄, 역사의 굴레를 쓰고 있는 존재를 아주 세부적으로 묘사한 지도를 제시한 것이다.

사회적인 동물들을 옭아매고 있는 이 역사의 굴레는 한 시대가 지나기까지 감춰져 있다가 그 시대의 종말에 이르러서야 비로소 모습을 드러낸다. 그런데 마르크스는 벌써 한 세기도 더 전에 우리를 얽매고 있는 굴레에 대해 썼다. 어쩌면 다른 많은 이들처럼 이 책을 읽는 여러분도 시간이 지나면 이 굴레가 녹슬어 자연스럽게 떨어져 나갈 것이라고, 그러니 구시대의 털북숭이 노인네가 무슨 선언을 했건 신경 쓸 필요는 없지 않냐고 할지도 모르겠다.

하지만 나는 마르크스와 그의 수염이 지금도 많은 이야기를 해줄 수 있다고 믿는 사람이다. 이 책을 통해 여러분은 지금 이 시대의 종말이 가까워 오고 있음을 보여 주듯 조금씩 제 모습을 드러내기 시작하는 굴레를 볼 수 있을 것이다.

우리를 옭아매고 있는 것들을 파악하는 데는 수십 년, 어쩌면 수 세기가 걸릴 수도 있다. 이 장에서는 이러한 굴레가 어떻게 형성되는 지, 시간이 흐름에 따라 어떻게 새로운 형태를 띠게 되는지, 어떻게 하면 이 빌어먹을 굴레를 영원히 없애 버릴 수 있는지에 대한 마르크 스식 이해를 설명하고자 한다.

트럼프의 승리, 자유민주주의의 실패

마르크스의 골동품 망원경이 어떻게 작동하는지, 혹은 그 망원경 을 뭐라고 부르는지 설명하기 전에, 우선 이 망원경이 제대로 작동하 는지부터 알아 보자. 일단 오늘날 많은 이들이 두드러지게 눈에 띄는 '굴레'라고 평하는 것부터 들여다보겠다. 제일 먼저 살펴볼 대상은 바 로 도널드 트럼프다. 이렇게 될 거라고 여러분도 이미 알고 있지 않았 나. 그러니 함께 극복해 나갈 수밖에.

이 괴물 같은 얼룩이 세계에서 가장 영향력이 큰 사무실까지 뻗어 나갈 때, 서구 사회의 시민들이 보인 반응은 크게 세 가지였다. 첫 번 째는 심리적으로 우리와는 거리가 먼 반응으로 "이야, 잘 됐다! 이번 기회에 트럼프가 다 뒤집어엎고 정치적 올바름 같은 입바른 소리만 하는 저 엘리트들에게 크게 한 방 먹여 줬으면 좋겠다"하는 것이었고, 두 번째는 "힐러리 클린턴이 패하다니 이 얼마나 전 인류적으로 부끄 러운 일인가"하는 반응이었다. 세 번째는 "나보고 선택하라고 하지

마. 둘 다 형편없어"였다.

만약 당신의 반응이 세 번째였다면, 흠, 축하하네, 동지여. 이제 만나는 모든 사람하고 평생 논쟁을 벌일 운명이로구만. 한편으로는 마르크스주의와도 관련이 있겠군. 어째서냐고? 그야 당신은 정치란 흑도 백도 아니지만, 때로는 흑이면서 동시에 백이기도 하다고 생각하니까. 양대 진영 사이의 갈등, 이 경우 도널드 트럼프와 힐러리 클린턴으로 대표되는 각각의 정치 세력 간의 갈등이 어느 한쪽이 이긴다고 해서 해결되는 것이 아니라고, 제3의 가능성을 고려해야 한다고 생각하니까. '차악'은 문제의 고리를 끊지 못한다고 생각하니까. 더나아가 트럼프 같은 사람은 단순한 괴물이 아니라 역사가 만들어 낸괴물이라고 생각하니까. 무엇보다도 단순함을 거부하니까.

트럼프는 단순함을 거부하는 것 같지 않다. 그는 오히려 단순함을자신의 모토로 삼는다. 최소한 그가 공공연하게 표방하는 바에 따르면, 트럼프는 단순한 사람이다. 그는 민중이 정치인들에게 흔히 묻는질문에 단순한, 그러나 대개 역겨운 답을 내놓는다. 아니, 대부분의경우 그는 아예 질문에 답하지 않은 채 그저 스스로를 끝내주는 사람이라고만 묘사한다. 하지만 역사적으로 트럼프의 끝내주게 끔찍한모습은 생각만큼 단순한 문제가 아니다. 이 문제는 너무도 복잡해서제대로 파악하려면 마르크스와 같은 지도 제작자가 필요할 정도다.

트럼프의 승리, 그리고 헝가리, 네덜란드, 프랑스, 이탈리아, 독일, 영국, 스웨덴, 호주 등 서구 사회 전반에 걸쳐 최근 부상하고 있는 극단적인 인종차별주의 정책은 우리에게 시사하는 바가 크다. 이는 일반적으로 서구의 정부와 경제 시스템의 기반인 자유민주주의가 아주 심각하게 실패했음을 말해 준다. 자유민주주의가 실패하지 않았다면 전 세계 민중들, 지배적인 서구 사회의 시민들뿐만 아니라 착취당하는 개발도상국의 민중들 모두가 이렇게 엿 같은 상황에 놓이지 않았을 것이다. 또 시민들이 트럼프나 다른 멍청한 인종차별주의자에게 잘못 표를 던진 경우라 하더라도 이렇게 최악의 방식으로 오래된 해결책들을 공공연히 거부하지는 않았을 것이다.

미셸 오바마의 뻔한 거짓말

이른바 '차악'을 선택하는 것이 옳다고 주장하는 사람들은 상황이 그렇게 엿 같지만은 않다고 말한다. 그들은 뭔가 잘못되었다고 느낄 때조차도 "역사는 항상 진보한다!"고 말한다. 심지어 지금도 세계 어딘가에서는 사람들이 굶어 죽고 있으므로 모든 사람은 주어진 음식에 감사해야 한다고 말한다. 그런 부류의 사람들은 공산주의자인 척하던 독재자들을 비롯해 많은 이들이 행한 잔혹한 정책을 정당화하는 데 이 논리를 펼쳐 왔다. 2016년 7월 필라델피아에서도 바로 이 논리가 차용되었다.

우아한 미셸 오바마는 2016년 7월 민주당 전당대회에 힐러리 클린턴을 지지하는 찬조 연설자로 참석했다. 그녀는 이 자리에서 침착

하면서도 열정적으로, 또한 단호하면서도 격분한 태도로 트럼프가 선거운동에서 내세운 주장들을 반박하면서 "어느 누구도 이 나라가 위대하지 않다고 말하게 두어서는 안 됩니다"라고 호소했다.

트럼프의 '미국을 다시 위대하게Make America Great Again'라는 슬로건은 세상이 엿 같다고 말하는 방식 중 하나였다. 영부인께서 너무나 명쾌하게 세상이 엿 같지 않다고 단언했을 때 나는 평생 넥타이 매는법조차 배우지 못한 얼간이가 세계에서 가장 힘 있는 사람으로 등극하는 세계를 맞이할 준비를 하기 시작했다.

이 연설을 들은 나의 동료 기자들은 대부분 넋 나간 경외심을 보였다. 그들은 버락 오바마의 가장 효과적인 정치적 자산인 미셸 오바마가 애국적이고 결정적인 한 방을 날렸다고 생각했다. 내 동료들뿐만 아니라 다른 많은 이들도 워싱턴 디시의 '해결사'로 불리는 이 설득력 넘치는 여성이 트럼프에게 가장 강력한 마지막 결정타를 던졌다고 여겼다.

그러나 상황은 그들의 예상과 다르게 흘러갔고, 결국 이 얼간이가 대통령에 당선되었다. 흑과 백을 동시에 보는 사람들, 즉 역동적인 역사의 변화를 읽어내는 마르크스주의자의 시각으로 미셸 오바마의 연설을 들여다본다면 그 이유를 알 수 있다. 그렇다고 우리가 충분히 귀 기울여 듣기만 했더라면 위기의 전조를 분명히 느낄 수 있었을 거라는 뜻은 아니다. 하지만 이는 꽤 시끄러운 경보 신호였다. 마르크스주의 사상에 친숙한 논평가들은 이에 관해 공개적으로 논하기도 했다. 방관자적인 입장에 서 있던 우리 중 몇몇은 "민주당에 도움이 안 되는 연설인데. 미셸 오바마가 한 뻔한 거짓말 때문에 클린턴이 많은 표를 잃었어"라고 말했다. 나도 페이스북에 이런 글을 올렸는데, 그 때문에 20명이 나와 페이스북 친구 관계를 끊었다.

많은 미국인이 엿 같은 삶을 살고 있다는 사실을 민주당이 인정하지 못했다고 트럼프가 위대한 사람이라거나 민주당이 악이라는 말은 아니다. 하지만 오로지 흑 아니면 백으로만 세상을 볼 뿐 흑과 백이 동시에 존재할 수 없다고 생각하는 이들은 으레 그런 식으로 해석하곤 한다. 흑과 백이 동시에 있는 순간이란, 결국 어마어마한 역사적 변화의 순간이다.

삶에 위대함이 결여된 사람들

한 마디로 정리해 보자. 비유하자면 트럼프는 꽉 막힌 변기이고 우리는 구식 변기의 배관 문제가 해결되기를 바란다. 하지만 미국에 개선이 필요하다는 트럼프의 주장은 카리스마 넘치는 미셸 오바마조차도 반박할 수 없는 문제였다. 그녀는 많은 이들이 실제로 처해 있는, 혹은 많은 이들이 두려워하는 가혹한 삶의 현실을 부정하고자 했다. 그리고 실패했다. 낙관적인 거짓말은 현실의 고통을 악화시킨다. 고통스러워하는 사람들에게 '당신 문제의 해결책은 아무 문제가 없다고 믿는 것'이라고 이야기할 수는 없는 법이다. 이는 리얼리티 TV쇼

〈판사 주디Judge Judy〉의 유행어인 "내 다리에 오줌을 싸고는 비가 내리는 거라고 우기지 말라"는 말로 명쾌하게 요약할 수 있다.

트럼프를 뽑은 사람들, 대략 6,300만 명의 사람들이 너무나 오랫동안 오줌을 맞아 왔다. 이들은 끔찍한 우산 하나에 모든 걸 걸고 있다. 그렇기 때문에 클린턴이 일반 유권자들의 표를 더 많이 얻었다고 해도, 트럼프가 이 상황을 해결할 수 없다고 하더라도 아무 차이가 없다. 중요한 것은 오로지 하나, 트럼프는 변화의 필요성을 인정했다는 것이다. 수천만 명의 사람들이 이 거짓말쟁이의 말에 혹해 투표소로 향했다. 그의 사상이 그렇게 큰 반향을 불러일으켰다는 사실은 마르크스주의자들에게는 '민중은 멍청하다' 또는 '민중은 결코 선하지 않다'는 것과 별 다를 게 없었다.

도대체 왜 사람들은 이런 섹스 코미디 영화의 주인공 같은 인간 따위에게 표를 주었을까? 이 사람들이 형편없는 인종차별주의자이기 때문일까? 물론 트럼프를 뽑은 사람들이 인종차별적 문제에 편협한 시각을 가진 것만은 사실이다. 다른 서구 국가와 마찬가지로 미국 역시 어두운 피부색에 대한 혐오가 만연한 곳이다. 이 눈에 띄는 다름에 대한 혐오, 즉 인종차별적 혐오는 어떤 경우에는 아무런 역할도 하지 못하지만 특정 조건에서는 매우 극단적인 성격을 띠는 경향이 있다. 버락 오바마를 두 번이나 뽑아 주었던 선거구 중 일부는 변절해서 이 밥맛없는 트럼프에게 충성을 맹세하기도 했다. 이들 유권자들이 어느 날 갑자기 인종차별주의에 사로잡혔다고 보기는 어렵다. 그들이 혐오한 것은 바로 자신들의 삶에 '위대함'이 결여되었다는 사실이었다.

미국이 '위대하다'는 느낌을 가져 본 경험이 없거나, 과거에는 그랬더라도 지금은 그렇게 느끼지 않는 사람들이 많다. 경기가 침체되어 소득은 줄어들고, 이웃이 집을 잃고, 마을 상점가가 문을 닫는 것을 지켜보는 일이 좋은 경험일 리 없다. 그런데 바로 이런 일이 지금 미국 전역에서 벌어지고 있다. 최근에 만난 저소득층 미국인 동료의 표현에 따르자면, 미국은 "위대한 PR로 포장된 제3세계 국가"다.

미국이 이미 위대하다는 미셸 오바마의 주장은 지속적으로 같은 주장을 펼쳐 온 힐러리 클린턴에게 상당한 타격을 주었다. 미국에서 가장 많은 근로자들을 고용하고 있는 월마트에서 시간당 11달러를 받고 노동하는 이들은 '위대하다'는 말을 아주 제한적으로만 들을 수 있다. 심지어 한때 이 저임금 기업인 월마트의 중책을 맡았던 클린턴에게 이런 말을 들으면 짜증이 날 수밖에 없다. 클린턴은 장시간 노동에 시달리면서도 적은 임금밖에 받지 못하는 사람들의 현실을 묵과했다. 이는 또한 2008년 부동산 시장 거품 붕괴로 인한 금융 위기 이후 수많은 사람들이 집을 잃었으며, 그 결과 노숙자보다 빈 집이 더 많아진 현실을 인정하지 않는 행동이기도 했다. 당신이 이런 상황에 처해 있는 유권자라면 누군가 자신의 다리에 오줌을 쌌다는 사실을 인정하는 유일한 녀석에게 표를 줄 것이다.

힐러리 클린턴은 왜 패배했는가

지금이 역사적으로 유독 혼란스러운 시기라는 느낌을 받고 있지는 않은가? 마르크스가 지금까지 살아 있었다면 분명 이에 동의했을 것이다. 지금은 많은 사람들이 오줌 세례를 받았다는 사실이 명백해진, 역사적 변동을 더 맛깔나게 묘사하는 표현을 빌리자면 자신들을 옭아매고 있는 굴레를 눈으로 볼 수 있게 된 시기다.

조금씩 버전이 다를 수는 있지만 여러분도 아마 다음의 말을 듣거나 읽어 본 적이 있을 것이다.

> 지금까지의 모든 사회의 역사는 계급투쟁의 역사다.
>
> 자유민과 노예, 귀족과 평민, 영주와 농노, 동업 조합의 장인과 직인, 요컨대 서로 영원한 적대 관계에 있는 억압자와 피억압자가 때로는 은밀하게, 때로는 공공연하게 끊임없는 투쟁을 벌여 왔다. 그리고 이 투쟁은 항상 사회 전체가 혁명적으로 개조되거나 그렇지 않으면 투쟁하는 계급들이 함께 몰락하는 것으로 끝났다.

마르크스가 친구이자 평생의 후원자였던 프리드리히 엥겔스와 함께 쓴 《공산당선언》에 나오는 이 구절이 여러분에게는 케케묵은 소리로 느껴질지도 모르겠다. 사실 '동업 조합의 장인' 같은 표현은 오늘날 거의 사용할 일이 없다. 하지만 표현이 구식이라도 그 안에 담긴 내용은 지금도 통용된다. 역사는 계속해서 세계의 구조를 바꾸어 나가는 행태를 반복하고 있다.

자본주의가 저물어 가는 시대의 병적 증상

신석기 시대 이래 서구에서 소규모 사회는 점차 그 규모를 불려 큰 사회로 성장해 왔다. 선사시대는 생존을 위해 필요한 것들을 직접 만드는 자급자족 경제체제였다. 많은 경우 이러한 자급자족 경제는 일부 특권층의 수요에 부응하는 노예경제로 바뀌었다. 시간이 흘러 늘어나는 인구를 쇠사슬로 묶어 두는 것이 불가능해지자, 노예경제는 봉건주의 경제로 바뀌었다. 봉건시대 유럽의 농노는 영주의 소유물이었다. 하지만 가끔씩 시간을 내서 영주의 재산인 토지에서 스스로를 위해 일하고 자신의 필요와 욕망을 채울 수 있었다.

농노들이 효율적으로 토지를 경작한 덕분에 인구가 증가했다. 농노 인구가 증가하면서 이들은 자신들이 굴레에 묶여 있다는 사실을 인식하게 되었다. 자신들의 부가 위협 받을 가능성을 우려한 영주들이 그 굴레를 견고하게 유지하고 있었다. 이후 역사는 다시 한번 구조적 변화를 거쳤고, 그로부터 몇 세기가 더 지나 몇몇 군주의 모가지가 날아간 뒤에야 자본주의가 등장했다.

우리는 자본주의를 하나의 '생산양식'이라고 부른다. 자급자족 경제나 봉건주의 경제, 또는 노예경제와 마찬가지로 말이다. 마르크스주의자라면 지금 시대의 노동자들을 새로운 형태의 노예라고 부를 것이다. 이 새로운 노예의 주인들은 《포브스》 세계 부자 명단에 올라 있는 사람들이다. 그리고 이 노예제의 동력은 미셸 오바마처럼 모든 것이 위대하다고 끊임없이 떠드는 사람들과 인종차별주의자 도널드 트럼프처럼 '다른 노예들을 탓해야 한다'고 말하는 사람들이다.

생산양식은 시간이 흐르면서 진화한다. 지금까지의 경향을 보면, 그 굴레가 가시화되어 다수 계급이 각성해 '계급투쟁'이 일어나고 이를 통해 굴레가 부서질 때 이러한 변화가 나타난다. 그러면 지배계급은 이 굴레의 본질을 가지고 새로운 시험을 한다. 이런 방식으로 사회는 하나의 생산양식에서 다른 생산양식으로 이동하는 것이다. 바로 이런 혼란한 시기에 때로 미친 짓거리들이 벌어지기도 한다.

우리는 지금 바로 그러한 시기에 놓여 있다. 마르크스주의자인 나의 시각에 따르면, 지금 뭔가 이상한 일이 벌어지고 있다는 느낌은 피해망상이 아니다. 마르크스주의자인 안토니오 그람시Antonio Gramsci가 1930년대 이탈리아 파시즘에 대한 글에서 말했듯 '위기는 정확히 옛 것은 죽어가고 새 것은 태어날 수 없다는 사실 안에 있다.' 그는 이런 시기에 '온갖 종류의 병적인 증상들이 나타난다'고 말한다. 트럼프는 바로 이러한 병적인 증상의 하나다.

지금까지 역사에 족적을 남긴 모든 생산양식이 세계에 멋진 선물을 남겼다고 말할 수도 있다. 소규모 자급자족 경제는 인간이 복잡한 문화를 만드는 데 시간을 투자할 수 있는 기회를 선사했다. 노예경제는 과거와 비교해 꽤 높은 임금을 받는 오늘날의 자본주의 노동자들의 휴가철 관광지인 대형 건축물들을 남겼다. 이는 또한 플라톤 같은 인물이 노예제를 고상하게 정당화하는 글을 쓸 기회도 선사했다. 봉건주의 경제는 우리에게 고색창연한 성과 인구 증가, 그리고 〈왕좌의 게임〉에서와 같은 근친상간 포르노에 대한 영감을 낳았다.

자본주의 경제는 우리에게 훨씬 많은 것들을 남겼다. 자본주의의 성과를 일일이 열거하는 일은 첫째, 하루 종일 이야기해도 부족할 뿐더러 둘째, 자본주의는 워낙에 의기양양하기 때문에 아예 시작조차 하지 않는 편이 나을 것이다. 마르크스 자신도 자본주의가 역동적이고 생산적인 힘이라고 칭찬한 바 있다. 마르크스가 현대의 공장 로봇을 봤다면 열광했을지도 모를 일이다. 마르크스는 자본주의가 고통스러운 과정이지만 인간 발전을 위해 꼭 필요한 단계라고 말한다. 그리고 마르크스에게 자본주의 경제는 우리를 굴레에서 영원히 해방시켜 자유롭게 해줄 최종 단계로 가기 위해 반드시 거쳐야 하는 빌어먹을 과정인 것이다.

마르크스가 공산주의 생산양식(우리가 현재 목격하고 있는 공산주의 국가들과 동일시해서는 안 된다. 이 국가들은 진정한 의미에서 공산주의 생산양식을 채택한 적이 없다)의 필요성에 대해 뭐라고 떠들어 댔건, 자본주의 생산양식은 죽어 가고 있다. 트럼프는 서서히 진행되는 이 죽음의 병적인 증상이다.

힐러리 클린턴이 결코 말하지 않았던 진실

마르크스가 왜 자본주의가 사멸할 수밖에 없는 운명이라고 주장했는지는 다음 장에서 이야기할 것이다. 지금은 이 오래된 생산양식이 다 죽어 가고 있으며, 이 때문에 정치인들이 지금이 '위대한' 시기라는 헛소리를 우리에게 떠들어 댄다든가 자본주의 노예 탓을 하는 식으로 자기를 제외한 모든 이들의 다리에 오줌을 지리고 있다는 내 말을 그냥 믿어라. 통계를 보면 트럼프 지지로 가장 크게 선회한 층은 가난한 이들이었다. 미국 노동자의 50퍼센트 이상이 연 3만 달러 이하의 연봉으로 생활한다. 간신히 입에 풀칠할 수 있을 만큼 벌고 그래서 연중 내내 엿 같은 기분으로 살고 있는 것이다.

이 거대한 집단에서 트럼프보다 클린턴에 표를 던진 사람들이 더 많았던 것은 사실이지만, 그럼에도 불구하고 클린턴은 과거 어느 민주당 후보보다 더 적은 표를 받았다. 전통적으로 민주당 지지자였던 서민 노동자층만 보더라도 클린턴은 과거 오바마에 비해 16퍼센트포인트나 적은 지지를 받았다. 특히 이들이 다 백인은 아니라는 점을 고려하면 상당히 큰 타격이었다. 한편 흥미롭게도 트럼프는 히스패닉 유권자들의 지지를 받았다. 알다시피 멕시코가 광적인 강간범들

투성이라는 주장을 했던 바로 그 사람이 말이다.

만약 클린턴이 '피부색에 상관없이 여러분 모두 힘들게 살고 있음을 잘 알고 있습니다. 무너져 가는 다리를 보수하는 일자리를 여러분에게 드리겠습니다'라는 공약을 설득력 있게 내세웠더라면 세 가지 변화를 불렀을 것이다. 첫째, 도널드 트럼프가 비참한 플라이오버주• 시민들의 표로 대통령에 당선되는 일은 없었을 것이다. 둘째, 이지역의 시민들이 일자리를 얻었을 것이다. 셋째, 미국 전역의 형편없는 교각들이 엔지니어의 악몽이 되는 일도 없었을 것▲이다.

클린턴이 표를 늘리기 위해 필요했던 것은 단 하나, 사는 게 경제적으로 참 엿 같다고 말해 주는 것이었다. 하지만 클린턴은 그렇게 할수 없었다. 민주당 대부분 그럴 생각이 없었다. 민주당의 거물인 척슈머Chuck Schumer는 서민들의 표를 애써 잡을 필요가 없다는 생각을거듭 표명하기까지 했다. 2016년 서민층에서 클린턴 지지율이 떨어지고 있다는 여론조사 결과가 우려되지 않느냐는 언론의 질문에 그는 "펜실베이니아주 서부에서 블루칼라 민주당 표 하나를 잃을 때마다 필라델피아 교외에서 온건 공화당 표 둘을 얻을 것이다. 오하이오

● flyover states. 미국 동부 연안 주와 서부 연안 주 사이의 지역을 말한다. 비행기를 타고 지나갈 때나 볼 수 있는 지역이라고 하여 미국 중부 지방을 낮잡아 부르는 말이다.

▲ 2019년 미국 도로교통협회는 약 40퍼센트의 교량이 수리가 필요한 상태이며, 그중 4만 7,000개 교량은 구조적 결함이 있다고 보고했다. 이는 2017년에 비해 7,000개나 적어진 수치로, 가장 큰 이유는 연방도로교통국이 '결함'을 판단하는 기준을 완화했기 때문이다.

034 | 희대의 말썽쟁이 트럼프는 어떻게 세계에서 가장 강한 나라의 대통령이 되었을까?

주, 일리노이주, 위스콘신주에서도 마찬가지다"라고 말했다.

지금은 누구나 알고 있듯이, 그런 일은 벌어지지 않았다. 그게 불가능한 일이라는 걸 알기 위해서 마르크스주의자가 될 필요는 없다. 아주 간단한 논리 하나만 이해할 수 있으면 된다. 유권자 대다수가 엿같은 삶에 허덕이고 있는 상황에서 "여러분이 엿 같은 시간을 보내고 있다는 것을 인정할 수 없다"고 공약하는 후보를 누가 지지하려 하겠는가. 슈머가 《워싱턴포스트》에 '소득이 줄어들면 민중은 더 진보적인 방향으로 움직이는 경향이 있다'고 말하는 걸 읽고 나는 정말이지 어이가 없었다.

소득이 감소하면 민중은 누구든 소득 증가를 위해 노력하겠다고 약속하는 쪽으로 움직인다. 두 대선 후보 중 이를 약속한 유일한 후보가 바로 트럼프였다. 그래서 수많은 민중들이 트럼프를 찍었다. 소득이 감소할 때 왜 민중이 언제나 '진보화'되지 않는지 설명하기 위해 마르크스까지 들먹일 필요도 없다. 척 슈머는 히틀러에 대한 다큐멘터리를 단 한 편도 본 적 없는 유일한 미국인임이 분명하다.

원흉은 자본주의다

트럼프를 찍은 건 가난에 찌든 노동자들만이 아니었다. 트럼프의 쓰레기 공약에서 희망의 약속을 본 백인 자산가들도 많았다. 이들 역시 실질임금의 감소를 경험했기 때문이다. 경제적 불안이 어떻게 인간을 절박한 바보로 만드는지 여러분도 직접 겪어서 잘 알고 있을 것이다. 성인이 된 이래 나는 거의 실업자에 가까운 상황을 충분하고도 넘칠 정도로 겪어 왔고, 성인이 된 이후의 경제적 곤궁은 다른 이들에 대한 화풀이로 이어졌다. 정말 힘들었던 시절에는 다른 사람들이 내 일자리를 '훔치고 있다'는 상상을 하기도 했다.

물론 이는 멍청한 짓이다. 마르크스주의자라면 우리의 노동을 훔쳐 가는 이들이 나와 같은 다른 노동자가 아니라, 이윤에 혈안이 된 자본주의자라는 사실을 기억해야만 한다. 그럼에도 마르크스주의자인 나조차 그런 멍청한 생각을 했던 것이다. 미국 노동자들 역시 이런 멍청한 짓을 저질렀다. 그리고 이는 가장 손쉽고 역사가 깊은 편협함의 형태인 인종차별로 표출되었다.

이러한 인종차별이 이성적일 리 없다. 인종차별은 이성에 대한 총체적인 반항의 극치다. 미등록 멕시코 노동자들이 당신이 경험하는 빈곤의 원인이라는 생각은 비이성적이다. 무엇보다도 이들은 당신이 결코 받아들일 수 없을 정도로 열악한 노동조건에서 일한다. 중국 노동자들을 탓하는 것도 이성적이지 않다. 그들이 노예처럼 일하지 않았다면, 당신은 월마트에서 그렇게 저렴한 물건을 구입할 수 없었을 것이다. 흑인이나 갈색 피부의 사람들이 당신의 집에 쳐들어올 거라는 생각도 온당하지 않다. 집까지 쳐들어와서 당신의 재산을 약탈할 가능성이 가장 높은 사람은 빚쟁이들이다.

이 모두가 망상이다. 곰곰이 따져 본다면 말이 안 된다는 사실을 알 것이다. 하지만 더 어렵고 복잡한 진실, 클린턴 후보의 민주당에서 단 한 마디도 거론하지 않는 진실을 마주하는 것보다는 이런 망상에 빠지는 편이 훨씬 쉽다. '미국은 위대하다. 이를 기억하라. 누군가 아니라고 하면 참지 마라.' 상식적인 사람이라면 누구나 이 말이 거짓임을 알아챌 수 있다. 오직 마르크스의 영향을 조금이라도 받은 이들만이 정직하게 진실을 논할 수 있다.

마르크스는 왜 자본주의가 빈곤과 불안정을 낳을 수밖에 없는지 진지하게 설명한 최초의 인물이었다. 그는 자본주의가 내적 모순을 가지고 있는 체계(다시 한번 이야기하지만, 이 끝내주게 재미있는 주제에 대해서는 다음 장에서 더 다룰 것이다)라고 말한다. 하지만 일단 여기서 나의 빨갱이 격찬을 요약하자면, 2016년 미국 대선에서처럼 어느 누구도 감히 공개적으로 자본주의가 빈곤의 원흉이라고 말하지 못한다면, 대중은 누군가 다른 사람, 예컨대 흑인, 무슬림, 멕시코인, 여성, 중국 공장 노동자들에게 화살을 돌리게 된다는 것이다.

빈곤에 시달리던 사람들의 마지막 선택

도널드 트럼프는 수차례에 걸쳐서 부의 불평등을 논했다. 부의 불평등은 미국 전역에 만연한 실질적인 문제다. 진저리 나게 불쾌한 성차별주의, 인종차별주의, 그리고 조롱 사이사이에 트럼프는 민주당 후보가 거론조차 하지 않는 문제, 즉 미국인들의 경험에서 거의 사라져버린 '위대함'에 대해서 이야기했다. 한 번은 트위터에 미국의 흑인 유권자들에게 '도대체 뭘 더 잃어야 하는가?'하고 경제적인 문제를 제기하기도 했다.

문화적 측면에서 보자면 '공론의 장에서 누구나 마땅히 누려야 할 존중'이 그 질문의 답이겠지만, 이는 문화적 문제가 아니다. 이는 물질적 부에 관한 질문으로, 그 진짜 답은 '우리 대부분은 이미 파산 상태고 힐러리는 이 문제를 해결하겠다는 공약을 내놓고 있지 않다. 그러니 지갑 사정상 우리는 더 이상 잃을 것이 없다'였다. 흑인 유권자들은 트럼프의 인종차별주의에 열 받기도 했지만, 동시에 너무나도 빈곤에 시달린 나머지 모든 것을 운에 맡기고 주사위를 던질 준비가 되어 있었다.

유색인 유권자들을 비롯해 트럼프를 찍은 모든 이들에게 이 도박이 단순히 어리석음이나 악의만으로 이루어졌다고 말할 수 있는가? 겁에

질린 나머지 거짓이지만 손쉬운 해결책에 눈을 돌려 본 경험이 단 한 번도 없는가? 너무나 가난해서 최후의 도박을 해보기로 한 적은?

파시즘이냐, 혁명이냐

버니 샌더스를 제외하면 트럼프는 지난 수십 년 동안 '노동계급'이라는 용어를 공개적으로 발언한 유일한 미국 대선 후보다. 전형적인 마르크스주의 용어를 사용하긴 했지만, 도널드 트럼프는 절대 마르크스주의자가 아니다. 트럼프는 보통 파시스트로 불리는데, 이 명칭이 그의 광적인 신국가주의neo-nationalism에 대한 정확한 설명 같지는 않지만, 일단 그를 파시스트라 부르기로 하자. 그렇게 부르는 게 기분이 좋을 뿐만 아니라 이를 통해 '파시즘의 부상은 실패한 혁명에 대한 목격자를 낳는다'라는 딱 좋은 문구를 인용할 수 있기 때문이다.

이 경구는 독일의 마르크스주의자였던 발터 벤야민Walter Benjamin의 말을 옮긴 것이다. 유대인이었던 벤야민은 히틀러의 선거 유세 중에 조국의 파시즘을 피해 망명길에 올라야 했던 사람이다. 이 친구야말로 파시즘을 직접 겪었다. 그는 독일 국민들이 1933년에 겪었던 것*과 같은, 그리고 지금 우리가 겪고 있는 것과 같은 대규모 경제 침체

● 1933년 3월 치러진 바이마르 공화국 총선의 결과 아돌프 히틀러가 수상으로 임명되며 의회가 해산되었다.

시기에 대중이 보이는 두 가지 반응을 모두 지켜보았다. 그 두 가지 반응이란 경제가 침체된 근본적인 원인을 해결하고자 혁명을 꾀하거나, 어떤 시끄러운 얼간이가 등장해서 '이건 다 유대인/무슬림/멕시코인/동성애자/공산주의자/건방진 여성들 때문'이라고 큰 소리로 비난하기를 기다리는 것이다.

경제 위기에 누군가를 설득하는 데 '어느 누구도 당신에게 이 침체되고 무너진 바이마르 공화국이 위대하지 않다고 말하게 내버려 두지 말라'는 식의 주장은 전혀 도움이 되지 않는다. 나는 자본주의의 필연적인 위기를 맞닥뜨린 대중이 이 두 가지 외에 다른 반응을 보일 가능성은 없다는 벤야민의 말에 열렬히 동의한다. 우리에게 주어진 선택지는, 폴란드 출신의 독일 혁명가였던 로자 룩셈부르크Rosa Luxemburg가 인용했던 공산주의 구호를 빌리자면, '사회주의냐 야만주의냐'다. 예컨대 파시즘이냐 혁명이냐다.

마르크스주의 관점에서 보자면, 당신이 트럼프 지지자들을 얼마나 나쁘게 생각하는지는 문제가 되지 않는다. 물론 그들을 좋지 않게 생각할 수 있다. 나도 그들을 끔찍하게 여겨 왔으니까. 그런 사람과 대화해야만 하는 상황이 될 때마다 나는 본능적으로 한 대 갈겨 버리고 싶은 충동을 억누르곤 한다. 개인적인 생각이지만, 파시스트나 그 동조자에게 한 방 먹이면 끝내주게 재미있을 것 같다. 나의 마르크스주의 시각에 따르면 파시스트에게 표를 주는 사람들을 막으려면 이들을 흠씬 두들겨 패는 것만이 유일한 방법인 듯한데, 이는 그 자체로 파시스트 행위다.

개별적 폭력이 항상 나쁘다고 말하려는 것은 아니다. 개인의 삶에서 때로는 폭력이 유일한 의지가 될 수도 있다. 나는 국가 또는 집단의 폭력에 대해 말하는 것이다. 형편없는 히틀러나 골칫덩어리 트럼프에게 표를 던지는 수백만 명의 사람들을 막기 위해 필요한 폭력은 바로 이런 종류의 폭력이다.

여러분은 트럼프를 찍은 사람들을 얼마든지 안 좋게 생각할 수 있다. 힐러리 클린턴이 그랬던 것처럼 "한심하다"고 말할 수 있다. 당신이 조금 더 동정심이 있는 사람이라면 그들에게 다가가서 그들의 방식이 왜 잘못되었는지 설명하고자 노력할 수도 있겠다. (충고하건대, 절대 시도하지 마라. 그들은 당신을 정치적 올바름 같은 입바른 소리나 하는 엘리트라고 부르면서 듣기를 거부할 것이다.) 아니면 경제적으로 침체된 자유민주주의 국가에서 늘 그래 왔던 것처럼 우리가 파시즘이냐 혁명이냐, 사회주의냐 야만주의냐의 선택에 당면해 있다고 생각할 수도 있다.

여러분은 인종차별주의와 트럼프주의를 계속 경멸하고 온라인에서 해시태그를 달아 경고의 글을 올릴 수도 있다. 하지만 한 가지 명심해야 할 것이 있다. 사람들의 생각을 바꾸는 일이 그들의 물질적 조건을 변화시키는 것만큼 효과적일 수 없다는 것이다.

다시 한번 이야기하지만 클린턴은 어떻게 하겠다는 일관된 약속을 한 적이 없다. 나는 클린턴이 악이라거나 '트럼프보다 더 나쁜 놈'

이라 말하는 것은 아니다. 그저 역사는 '반동'을 낳기 마련이라는 마르크스주의 용어를 이야기하고 있을 뿐이다.

마르크스주의의 출발점, 역사적 유물론

자, 이제 고전 마르크스주의의 추억을 이야기할 때가 왔다. 그다지 세련되지 못한 제목이지만 파시스트 야만주의자들을 막으려면 이 노래를 불러야 한다. 이 노래의 제목은 '역사적 유물론'이다. 역사적 유물론은 왜 만물은 변화하는가라는 질문을 다루며, '진짜 문제가 뭐냐?'는 우리의 외침에 진정한 답을 줄 수 있다. 마르크스주의자들은 사고의 역사적 전환(바로 우리가 지금 경험하고 있는 거대한 전환)에 대해 고민할 때는 언제나 그 물질적 조건을 들여다본다.

물질적 조건은 일차적으로 우리의 생명을 유지하게 해주는 기본적인 요소들을 의미하고, 그 다음으로는 행복감이나 만족감을 느끼게 해주는 요소들을 말한다. 매슬로Maslow의 욕구단계 이론˙과 유사하다.

먼저 기본적인 요소로 쉴 곳, 먹을 것, 그리고 물을 들 수 있다. 세 가지 모두 집이 압류되고, 영양 위기와 오염된 수로 문제에 직면한 수

˙ 인간의 욕구는 다섯 단계로 나뉘며, 기본 욕구가 충족되어야 상위 욕구가 나타난다는 이론. 기본 욕구에는 생리적 욕구, 안전의 욕구가 있고, 상위 욕구에는 사회적 욕구, 존경의 욕구, 자아실현의 욕구가 있다.

많은 미국인에게 실질적인 문제다. (내가 살고 있는 호주에서는 치솟는 주택 가격, 불완전고용, 교육비 상승 등이 가장 시급한 문제로 꼽힌다. 이러한 문제들이 그 영향을 가장 크게 받는 집단, 즉 밀레니얼 세대의 의식화를 이끌어 내고 있다.)

다음으로 앞의 것들보다는 덜 시급한 욕구로, 자신의 문화, 목표, 타인과의 의미 있는 유대 관계 창출 등이 있다. 발터라는 친구의 표현을 빌리자면, 삶은 '그것이 없으면 어떤 세련되고 영적인 존재도 생존할 수 없는 날것의 물질적인 것들을 얻기 위한 투쟁'이다.

마르스크주의자들은 이 같은 물질적 조건의 토양을 들여다보고 이곳에서 구체적으로 어떤 사상이 자랄 수 있는지, 이러한 사상이 어떻게 새로운 물질적 조건으로 이어지는지 살핀다.

이런 사고방식은 많은 사람들이 생각하는 바와 정반대다. 일반적으로 사람들은 어떤 관념이나 사상이 먼저 존재하고, 그로 인해 물질적 결과가 창출된다고 생각한다. '인종차별주의가 빈곤을 유발한다'거나 '일터에서의 괴롭힘은 많은 사람들이 나쁜 생각을 가지고 있을 때만 발생한다'는 식이다.

이런 사고방식은 서구의 유서 깊은 전통에서 비롯되었다. 이에 대해 간략히 설명을 하고자 하니 부디 참아 달라. 철학이 아주 지루하다는 걸 잘 알고 있으므로 가능한 한 짧게 끝내려고 노력하겠다.

관념이 먼저인가, 물질이 먼저인가

모든 것이 생각에서 시작된다는 믿음은 수천 년 동안 굳건하게 이어져 왔다. 이런 사고방식을 가진 이들은 사물에 대한 인식 또는 관념이 물질적 실재보다 앞선다고 말한다. '숲에서 나무 한 그루가 쓰러졌는데 아무도 그 소리를 듣지 못했다면 이 나무는 정말 쓰러진 것일까?'하는 논리와 마찬가지다. 이처럼 물질적 실재가 인식의 결과로서만 존재한다고 생각한다면 당신은 이상주의자다. 만약 '망할, 당연히 나무가 소리를 냈겠지. 나보고 모든 환경 범죄를 언제 어디에서나 감시하라는 거야 뭐야?'라고 생각한다면 당신은 유물론자다.

여기에서 사용하는 이상주의자라는 용어는 항상 뜬구름 잡는 생각으로 가득 차 있는 사람이라는 의미가 아니다. 또한 유물론자라는 용어도 통상적으로 이야기하는, 머릿속에 백화점 카탈로그만 들어 있는 사람을 의미하는 것이 아니다.

당신이 지극히 이성적인 사람이어서 기후 과학자들이 나무가 쓰러지는 소리를 들었든 듣지 않았든 어쨌든 나무는 쓰러졌다고 생각한다 할지라도, 어떤 면에서는 여전히 이상주의적 면모를 고집할 수도 있다. 예컨대 직장 내 괴롭힘은 나쁜 생각의 산물에 불과하다고 말 주장할 수 있다는 것이다. 우리는 '사람들이 가지고 있는 나쁜 생각'에 대해 이야기하면서도 나쁜 환경이 나쁜 생각을 낳는다는 점은 잘 고려하지 않는다.

유물론자인 마르크스주의자라면 노동조건이 이토록 불평등한데

달리 어떤 결과를 기대할 수 있겠냐면서 바로 이러한 환경에서 직장 내 괴롭힘이 발생한다고 말할 것이다. 즉 일터의 환경이 괴롭힘을 낳는다는 것이다. 괴롭힘은 자본주의 체제하의 모든 직장에서 일어나는 일상적인 사건으로, 새삼스럽게 놀랄 일이 아니다. 나쁜 생각을 가진 나쁜 사람들만이 일터에서 고문을 야기하지는 않는다.

그렇다고 마르크스주의자들이 괴롭힘을 용인한다는 의미는 아니다. 마르크스주의자, 즉 역사적 유물론자는 일터에서 벌어지는 끔찍한 행위에서 나쁜 생각의 역할을 부인하지 않는다. 다만 이를 역사와 물질 사이에 일어나는 상호작용의 한 부분으로 이해한다.

마르크스는 생각 또는 관념이 그 자체로 스스로 생겨난다기보다 물질 역사로부터 기인한다고 생각했다. 굶주린 사람이 기아로 목숨이 끊어지기 전에 깊은 사색을 한다거나 똑바로 사고하기란 불가능하다. 마르크스가 《자본론》의 초고에 해당하는 《정치경제학 비판 요강》에서 썼듯, 생각은 '물질적 행위와 직접적으로 연관되며 인간의 물질적 교류, 실제 삶의 언어'다. 노동자와 일터의 환경 사이에 일어나는 상호작용이 괴롭힘이라는 행위를 양산한다. 이처럼 물질과 관념 간의 상호작용은 트럼프 같은 파시스트와 이들의 논리를 뒷받침하는 인종차별주의를 양산할 수 있다.

우리 마르크스주의자들에게 역사란 정교한 무늬의 카펫을 짜는 행위와 같다. 그렇다고 카펫을 구성하는 모든 실이 어디에 놓일지 정확히 예측할 수 있는 것은 아니다. 우리는 편직 패턴의 아주 일부만을 알 수 있을 따름이다. 많은 마르크스주의자들이 미국 대선을 앞두고 '사회주의냐 야만주의냐'의 순간이 초읽기에 들어갔다고 말했으며 트럼프가 당선될 것이라고 경고했다. 나를 비롯한 마르크스주의자들은 "과거에도 이런 일이 있었다"고 말했다. 마르크스는 1852년 저서《루이 보나파르트의 브뤼메르 18일The Eighteenth Brumaire of Louis Bonaparte》에서 '역사적 사실과 인물은 두 번 등장하는 경향이 있다. 처음은 비극이지만 두 번째는 코미디'라고 말한 바 있다.

토대와 상부구조의 상호작용

내가 지금부터 설명하고자 하는 바는 마르크스 사상의 아주 중요한 부분이다. 또한 두 번째 혹은 세 번째로 마음을 심란하게 하는 부분일 것이다. 때문에 이 복잡한 문제를 초장부터 여러분에게 들이대는 것이 좀 잔인한 일은 아닌지 고민한 것이 사실이다. 하지만 나는 '관념과 물질이 사실은 긴밀하게 얽혀 있다'는 주장이 마르크스를 이해하는 첫 걸음이라고 생각한다.

사실 대부분의 마르크스주의자는 관념과 물질의 관계가 마르크스주의의 이해를 위한 출발점이라는 데 동의하지 않으며, 심지어는 이 문제를 전혀 고려할 가치가 없다고 생각한다. 이들은 역사적 유물론을 헛소리라면서 부정한다. 이 친구들은 물질적 조건이야말로 예술이나 관습, 성별과 민족성 등 다른 모든 것의 출발점이라고 잘라 말한다. 심지어 한 마르크스주의자가 TV에서 "문화는 실제로는 존재하지 않는다"라고 떠드는 것을 본 적도 있다. 이는 역사적 유물론이 아니라 극단적 유물론이다. 이들은 '문화는 존재한다'는 식별 가능한 사실은 물론이고 마르크스가 '정신적이며 고상한 것들'의 생산을 극찬한 부분 전부, 그리고 마르크스가 물질과 관념의 상호작용에 대해 설명했다는 사실까지 모두 도외시한다.

1857년 마르크스는 우리의 사회를 구성하는 물질적 방식을 '토대'로, 그리고 이러한 토대를 관리하는 방식, 대표적으로 법과 정치를 비롯한 다른 여러 요소들을 '상부구조'라고 명명했다. 여기에서 토대는 물질, 그리고 상부구조는 관념에 해당한다.

이 둘의 관계를 이해하는 데 있어 융통성이라고는 조금도 찾아보기 힘든 엄격한 마르크스주의자들도 존재한다. 그러니 가장 잔혹한 구소련의 지도자들 중 일부가 이러한 과학적 사회주의*의 영향을 받았다는 사실은 그리 놀랄 만한 일도 아니다. 모든 것은 오로지 토대로부터 비롯된다는 사고방식은 계속해서 우리 마르크스주의자들을 현혹시키고 있다. 이러한 눈먼 이들 중 몇몇은 "미국의 가난한 백인들

● 마르크스주의를 말한다. 마르크스는 기존의 사회주의를 '공상적 사회주의'라 불렀는데, 이 이론에서는 현실사회와 이상사회가 서로 단절되어 있었으며 노동자가 아니라 자산가 계급을 거쳐 이상사회를 이룩한다고 보았기 때문이다. 반면 마르크스는 역사적 유물론을 사상적 기반으로 현실에 대한 과학적 분석을 거쳐 프롤레타리아트 혁명을 통해 사회주의 사회를 건설할 수 있다고 주장했다.

은 빈곤 때문에 인종차별주의자가 된 것"이라고 떠들어 댄다.

인종차별의 대상이 된 사람들이 이런 논리를 듣는다면 속이 뒤집힐 수밖에 없다. 이런 극단적 유물론에 기초한 마르크스주의는 민중이 대행 기관을 가지고 있지 않으며, 따라서 이 가난한 인종차별주의 쓰레기들을 비난할 수 없다고 주장한다. 뭐 그래, 무슨 말이든 못할까. 본인이 직접 이 지독한 편견의 피해자가 되기 전까지는 말이다.

물론 토대의 영향력은 엄청나며, 그 위에서 인종차별주의와 같은 끔찍한 잡초들이 번식할 수도 있다. 하지만 마르크스는 모든 것이 전적으로 토대에만 달려 있다고 생각하지는 않았다. 만약 그가 그런 결론을 내렸다면 우리 모두 그냥 포기해 버리는 편이 낫다. 그렇지 않은가? 우리가 하는 모든 행위들, 예컨대 인종차별주의적 헛소리를 외쳐 대는 행위가 물질적 역사에 의해 결정된다면 뭐하러 사회를 변화시키려 애쓰겠는가? 우리 모두는 역사의 움직임에 의해 인도되는 로봇에 불과하니 저항의 생각일랑 접어 버리자. 그리고 역사가 우리에게 저항하라 명하면 그때 저항하면 될 일이다.

철학자들이 '결정론적'이라 명명할 법한 이런 사고방식은 정말이지 우울하다. 그러나 마르크스의 견해는 이와 달랐다. (물론 마르크스가 젊은 시절에 이런 식으로 해석될 만한 논증을 쓰기도 했다는 건 인정한다. 하지만 마르크스 역시 그때는 그저 치기 어린 애송이였다. 나도 20대에는 머리를 핑크색으로 염색한 적도 있었다. 우리 모두 어렸을 때는 대담하고 공격적인 발언들을 내뱉기도 하지 않나.)

토대와 상부구조, 또는 물질과 관념 간의 소통은 양방향으로 이루어진다. 마르크스가 그렇게 말하고 있으며, 실제로 미국에서 오랜 시간에 걸쳐 점점 자라나 2016년 대선에서 엄청난 영향력을 행사한 인종차별주의를 통해 이를 볼 수 있다.

역사적 유물론은 현재 우리가 사고하는 방식, 예컨대 인종차별주의적 공포와 같은 것에 도전할 수 있다. 어쩌면 우리가 나쁜 생각에만 기반해서 물질주의적 세계를 구축한다고 생각할지도 모르겠다. 미국의 흑인 인구가 그토록 극심한 빈곤을 겪는 이유가 인종차별주의 정서 때문이라고 생각할 수도 있다. 물론 그것도 어느 정도는 사실이지만 이는 일부에 불과하다. 미국 인종차별주의의 역사를 들여다보면, 그 뿌리가 물질주의적 미국에 기원하고 있음을 알 수 있다.

인종차별도 결국은 돈 문제다

물질과 관념, 토대와 상부구조가 어떻게 서로 얽혀 있는지 마르크스의 망원경을 통해 들여다보자. 그렇다고 인종차별주의를 옹호하거나 연민을 가질 필요는 없다. 하지만 미국의 인종차별주의와 그 정치적, 경제적 활용에 대한 역사적 유물론자의 해석을 살펴보면 2016년 대선 결과에 대해 '민중은 더 나은 이상을 가질 필요가 있어'라는 식의 설명, 이를테면 클린턴과 오바마식 견해보다는 나은 설명이 필요하다는 사실을 깨닫게 될 것이다. 우리는 더 나은 사상 이상의 무언가, 더 나은 물질적 조건에서의 삶을 필요로 한다. 그렇지 않은가?

우리는 지금 역사를 이야기하려 한다. 미국 인종차별의 역사에 대해서 논하자면 이야기가 엄청나게 길어질 수도 있다. 1492년 콜럼버스의 등장 이후 1539년 원주민이었던 티무쿠아Timucua 부족이 학살된 비극적인 사건으로 '미국'이 되어, 유럽에서 식민지 인종차별주의를 수입했던 시절까지 거슬러 올라가야 할 것이다.

물론 아메리카 원주민의 생명과 토지를 잔혹하게 강탈한 일이나 식민지 개척자들의 잔인한 역사를 간과할 생각은 없다. 하지만 어쨌든 이 대화를 시작할 출발점을 정해야 하지 않겠는가. 우리의 아메리카 원주민 동지들과 관련해, 미국독립선언을 그 출발점으로 삼자.

흑인에게 자산이 생기자 일어난 일

토머스 제퍼슨은 '생명, 자유, 그리고 행복의 추구'를 기반으로 미국을 세웠다고 주장한다. 그러나 그 국가의 부를 쌓기 위해 제퍼슨은 자신이 소유한 200여 명의 흑인들, 그리고 그의 동료들에 의해 짓밟히고 멸시당한 많은 생명에 대해서는 이러한 이상을 부인하는 정책을 정당화할 필요가 있었다.

부유한 자들이 만들어 낸 끔찍한 흑인 열등설은 너무나도 단단한 굴레로 작용했다. 1865년 흑인 남성들이 자유민이 되었을 때 (내가 성차별주의자라서 이렇게 말하는 것이 아니다. 사실 여성들은 이 이야기에서 아예 빠져 있다) 부유한 노예주들로부터 인종차별주의적 사상을 주입받고 살아 온 대다수의 가난한 백인은 자신들의 물질적 기반이 위협당한다고 여겼다. 물론 흑인 노동자들은 19세기 백인 노동자들에게 실질적인 위협이 될 수도 있었다. 자본주의 체제 아래 자유 시장이 흑인 노동자에게 백인 노동자와 같은 완전한 자유를 보장했더라면 말이다. 그랬더라면 흑인 노동자들은 동일한 일자리를 두고 백인 노동자들과 경쟁할 수도 있었다.

그러나 실제로는 이윤과 특권을 지키고자 안달 난 부유한 노예주들이 만들어 낸 상부구조인 인종차별주의가 법적으로, 그리고 문화적으로 여전히 유지되고 있었다. 노예제 철폐 이후에도 흑인 노동자들은 이러한 인종차별주의적 사상 때문에 노예였을 때와 거의 동일한 일자리에서 계속 일해야 했다. 미국의 흑인들이 20세기 내내 그들을 계속 옭아맸던 굴레이자 상부구조인 법의 잔재에 맞서 유의미한 저항을 할 수 있기까지는 또 한 세기가 흘러야 했다. 그들이 이 빌어먹을 인종차별주의에 저항할 수 있었던 배경은 뉴딜이라는 이름의 준마르크스주의 정책이 가져다준 미국의 새로운 번영('물질'에 해당하는)의 혜택을 이들도 조금이나마 누릴 수 있었던 덕분이었다.

1968년 자신들의 물질적 조건에 항의하기 위해 모인 흑인 환경미화원들 앞에서 연설하던 마틴 루서 킹이 암살되었다. 당시의 물질적 조건이 대량 고용을 낳지 않았더라면, 그리고 케케묵은 인종차별적 사고방식으로 노동이 인종적으로 분화되어 있지 않았더라면 결코 이렇게 단결할 리 없었던 사람들이었다. 엄청나게 열 받은 흑인들을 한 일터에 모아 놓고 약간의 돈을 쥐여 주면 어떤 일이 벌어질까?

그들은 새로운 사상을 만들어 냈다. 멋진 사상, 이 경우에는 '제대로 돈을 지불해, 이 위선자들아'라는 사상이었다. 정말 이 나라가 '모든 인간은 평등하게 창조되었다'고 주장한다면, 그것을 쟁취하자. 평등한 임금, 평등한 노동권, 진정한 참정권을. 수백 년 동안 물질과 관념이 서로 얽혀서 만들어진 몹쓸 말들, 흑인은 평등을 누릴 자격이 없다는 백인들의 생각을 상기시키는 그 말들을 사용하지 마라. 나를 당신의 사상으로 축소하지 마라. 나를 빌어먹을 물질적 조건으로 깎아내리지 마라.

마틴 루서 킹의 글을 읽는다면 그가 역사적 유물론자의 소질이 다분했음을 알게 될 것이다. 백인 자유주의자들은 그를 그저 공상으로

나 치부될 법한 '꿈'을 이야기한 사람으로 기억하고 싶어 한다. 하지만 그의 유명한 연설을 찾아 들어 보면 이 연설의 첫 부분이 민중의 물질적 빈곤에 관한 언급을 담고 있음을 알게 될 것이다.

백인 중산층의 풍요와 인종차별 간의 상관관계

마틴 루서 킹과 같은 이들의 힘 있는 연설은 수많은 흑인들이 행동에 나서도록 했을 뿐만 아니라 일부 백인들의 편견에 효과적으로 도전했다. 그러나 지금처럼 버니 샌더스를 비롯한 백인들이 시민권 운동에 동참하도록 촉구한 요인은 마틴 루서 킹이 전파한 사상만이 아니었다. 당시의 물질적 조건 역시 영향을 미쳤다.

20세기는 미국의 백인 중산층이 성장하던 시기였다. 실업률은 낮았고 백인들의 생활수준은 그 어느 때보다 높았다. 따라서 이 시기 흑인이 겪는 법적, 문화적 억압에 약간이나마 관심을 가진 부유한 백인은 좀 더 관대하고 합리적인 경향이 있었다. 일자리가 있고, 충분한 먹거리가 있고, 희망으로 가득한 미래를 가진 자녀가 있으며, 사람들과 공동체를 이뤄 산다는 것이 얼마나 멋진지 직접 경험한 사람이라면 이를 모두가 누릴 수 있으면 좋겠다고 생각하는 법이다.

무엇보다도 이들은 흑인들 때문에 생존의 위협을 받은 적이 없었다. 그들은 또한 흑인은 게으르다는 편견을 굳게 믿었다. 남북전쟁 무렵부터 20세기가 끝날 때까지 대부분의 미국 백인 노동자들은 자신들의 부모 세대보다 눈에 띄게 더 나은 생활을 누렸다. 백인들은 물질은 자연히 증가하기 마련이며, 부를 축적하지 못하는 원인은 게으름 때문이라고 생각했다. 그들은 제퍼슨과 동일한 방식으로 구조적 잔인함을 정당화했다.

그럼에도 이들 중 일부는 인종차별주의에 조금 더 반대하는 입장을 가지게 되었다. 이는 단순히 물질적 안락함 덕분만이 아니라 마틴 루서 킹, 휴이 P. 뉴튼Huey P. Newton, 맬컴 엑스Malcolm X 같은 인물들의 영향력 있는 사상 덕분이었다. 많은 백인들이 건국 시대부터 계속되어 온 인종차별의 역사에 환멸을 느끼고 저항할 용기를 내어 흑인 동지들과 함께 행진했다. 이렇게 연대에 참여한 이들은 역사적으로 운이 좋았던 중산층으로, 매슬로가 나열한 욕구들을 일정 정도 충족시킨 백인 베이비부머 세대였다. 우리는 베이비부머 세대에 관심조차 두지 않지만, 이들 중 많은 이들이 1960년대에 연대의 힘으로 역사를 더 나은 방향으로 바꾸었음을 기억해야 한다.

'성공하지 못했다면 게으른 것이다'

1980년대에 들어서면서 많은 이들이 임금 정체를 겪기 시작했다. 그럼에도 미국, 특히 백인 중심의 미국은 여전히 기회의 장이라는 명확한 비전을 유지하고 있었다. 일자리가 줄어들고 충분한 임금을 받지 못함에도 불구하고 지난 100여 년 동안 견고해진 생각, 예컨대 언제나 부모 세대보다 더 나은 삶을 누릴 것이라는 기대는 굳건하게 유지되었다. 그러니 누군가 이를 누리는 데 실패했다면, 그는 게으른 사람이라는 증거나 다름없었다.

그러나 시간이 흐르면서 점차적으로 모든 사람들이 복지를 박탈당하기 시작했다. 결정타는 1996년 빌 클린턴 행정부의 개인의 책임과 노동 기회에 관한 법Personal Responsibility and Work Opportunity Act이었다. 국제 무역과 기술의 진보로 일자리가 사라졌다. 흑인과 히스패닉의 상황은 항상 나빴기 때문에 이들에게는 새로울 것이 없었다. 조금 더 나빠지기야 했겠지만 최소한 급감하지는 않았다. 그러나 2016년 백인들의 임금 감소 비율은 역사상 그 어느 때보다 충격적으로 높았다.

이렇게 심각한 침체에 이르는 동안 미국 행정부는 언제나 내일은 더 나아질 것이라고 약속했다. 더 나은 미래를 가져오는 데 실패하자 어쨌든 미래가 왔다고 발표했다. '경제는 성장하고 있다', '생산성이 향상되었다'는 식으로 말이다. 안락한 생활을 누렸던 백인들에게 급격하게 찾아온 임금 하락은 존재하지 않는 것처럼 이야기되었다.

누구도 이런 가난한 백인들을 대놓고 '게으르다'고 비난하지 않았지만, 그들은 물질적 조건 때문에 자신들이 그렇게 보이고 있음을 깨달았다. 그들은 지독한 편견을 체감했다. 지금까지 흑인들이 이 '위대한' 국가에서 노력할 의지가 없고 따라서 흑인들의 불운은 그들의 책임이라 생각해 왔는데, 이제는 이 나라가 기회로 가득 차 있다고 주장하는 지도자들에 의해 백인인 자신까지도 동일한 방식으로 비춰졌던 것이다.

클린턴 행정부의 법률 이름에서부터 이는 아주 명확하게 드러났다. 대량 실업이라는 현실의 문제를 바로잡는 건 어디까지나 우리 '개인의 책임'에 달려 있다는 것이다. '개인의 책임'이라니, 엿이나 먹어라. 마르크스주의자들은 개인 책임이라는 말이 나오면 격분한다. 이것이 거짓말임을 잘 알고 있기 때문이다. 정책결정자들이 우리가 이런 방식으로 살 수밖에 없도록 상황을 만들어 놓고는 이제 와서 그 문제를 극복하는 것은 우리의 책임이라고 하고 있으니 말이다.

흑인 노동자 계층이 오랫동안 엄연한 삶의 현실로 받아들여 온 좌절을 이제 백인 노동자 계층도 느끼고 있다. 지도자들은 여전히 '노력하면 성공할 수 있다'고 말하지만 실제 우리가 경험하는 현실은 전혀 다르다. 물질(먹고 살 만큼 버는 것조차 못하는)과 관념(꿈을 크게 가지면 뭐든 이룰 수 있다고 말하는 정치인들) 사이의 간극에서 백인 노동자 계층은 자신들이 실패자로 불리고 있다는 결론을 내릴 수밖에 없다. 다시 말해 구조적인 차원에서 백인 노동자 계층은 그들이 흑인을 향해 '게으르다'고 생각했던 것과 같은 방식으로 취급되고 있는 것이다. 많은 백인들이 흑인들도 노력한다면 성공할 수 있을 것이라고 믿어 왔다. 그러나 지금의 백인들 역시 아무리 노력해도 성공할 수 없다.

경제적인 측면으로 보나 심리학적 측면으로 보나, 미국의 많은 백인들은 익숙하지 않은 고통에 심각한 혼란을 겪었다. 그들은 너무나 많은 것을 잃었다. 노예제 폐지 이래 흑인들이 그랬던 것처럼, 그들의 고단한 삶이 그들의 책임이라는 말을 들어야 했다.

노예제 하에서 흑인들은 자신들의 노예 상태에 대한 어떠한 정당한 설명도 듣지 못했다. 그들은 쇠사슬에 묶여 있었다. 이 쇠사슬이 벗겨지자 그들은 게으름뱅이, 범죄자, 또는 어떤 식으로든 자본주의 토대와 이들의 속박 관계를 재확인하기 위해 상부구조에서 명명한 호칭으로 불렸다.

우리는 트럼프 대선 캠페인 기간에 똑같은 말을 들었다. 검은 피부나 갈색 피부를 가진 사람들은 다시 범죄자로 불렸다. 이러한 유색인종 활동가들은 정치적 올바름을 표방하며 입바른 언어로 떠들어 대기만 할 뿐, 정직하게 일해서 돈 벌 생각은 해본 적도 없는 게으름뱅이 지식인 등으로 묘사되었다.

2016년 백인 노동자 계층의 사람이 '나의 흑인 동지들과 나는 하나다. 우리는 이 불평등에 맞서 함께 투쟁할 것이다'라는 고귀한 이상을 가질 수도 있었으리라. 그러나 실제로는 도널드 트럼프에 의해 인종 차별적 분열이 되살아났으며, 물질주의적 분열은 미국이 '이미 위대하다'는 아이디어를 주장한 미셸 오바마에 의해 부정되었다.

트럼프가 알고 클린턴이 몰랐던 것

1960년대 흑인 동지들과 한편에 섰던 버니 샌더스만이 이 고귀한 사상을 말했다. 그는 인종차별주의가 무시무시한 세력이라는 점에 미셸 오바마와 뜻을 같이 했지만, 동시에 임금 불평등이 무시무시한 문제라는 데 트럼프와 한 뜻이었다. 마르크스 사상에 어느 정도 친숙한 샌더스는 사물을 볼 때 흑과 백을 동시에 이해할 수 있었으며 이상과 물질적 현실 둘 다를 볼 수 있었다. 그러나 오로지 흑이나 백으로만 세상을 보는 다수의 군중들은 미국이 위대하다는 미셸 오바마의 주장에 암묵적으로 반대한다는 이유로 샌더스가 인종차별주의에 동조한다고 의심했다. 가장 적게 가져 왔던 이들의 고통뿐만 아니라 가장 많이 잃은 이들의 고통까지 함께 이해한다는 이유로 그를 끔찍한 백인들의 옹호자로 보는 이들도 있었다. 그러나 '개인을 위한 자유'가 '모두를 위한 자유'임을 이해하기 위해 마르크스주의자가 특정 집단의 사람들을 옹호하거나 좋아할 필요는 없다. 애초에 자유가 존재하기 위해서는 트럼프를 지지한, 최저임금으로 연명하는 형편없는 백인 녀석들까지 포함한 모두에게 자유가 주어져야만 한다.

이러한 마르크스주의적 호소는 인종차별주의자나 편협한 사람, 혹은 동성애혐오자를 이해하거나 옹호해야 한다는 말이 아니다. 그보다는 인종차별주의 같은 불량한 사상이 만연해지는 조건을 이해해야 한다는 호소다. 모든 이들을 위한 자유를 약속한다는 건 그 안에 얼간이들 역시 포함된다는 뜻이다.

힐러리 클린턴의 선거 참모들은 지난 40년간 대부분의 미국인들이 실질임금 하락을 경험했다는 사실을 알고 있어야 했다. 흑인이나 히스패닉보다는 여전히 많이 벌지만 그럼에도 불구하고 백인 남성의 소득 감소폭이 가장 컸다는 사실을 알고 있어야 했다. 외국으로 일자리의 이동을 촉진하는 빌 클린턴 전 대통령의 북미자유무역협정North American Free Trade Agreement, NAFTA과 같은 기존의 법령과 협약을 사람들이 너무나도 증오했다는 사실을 알고 있었어야 했다. (정확히 말하자면, 이는 로널드 레이건이 세계화라는 공을 굴리기 위해 사용했던 낡은 도구였다. 하지만 빌 클린턴이 여기에 상부구조를 더해 밀어 붙였다.)

힐러리 클린턴은 청년층이 안정적인 집이나 지속가능한 일자리를 구하지 못해 힘들어하고 있음을 알고 있었다. 2015년에 열린 한 선거 자금 모금 행사의 녹음 파일이 공개되었는데, 이 자리에서 그녀는 대공황의 자녀들을 '부모님 집 지하에 살면서 미래에 대한 큰 기대 없이 바리스타로 일하는 세대'라고 묘사했다.

이럴 수가. 나는 이 연설이 매우 불쾌하다. 감히 바리스타들을 비방하다니? 바리스타들은 나에게는 신과 같은 존재로, 나는 그들이 만들어 주는 고급 커피 한 잔에 세상의 온갖 부와 자유를 바칠 수 있다. 훌륭한 커피가 없다면 사람들은 1970년대 후반 동독의 커피 위기⁎ 때처럼 극도의 분노에 사로잡힐 수 있다. 당시 커피 부족은 거의 한 나라를 무너뜨렸다. 절대 농담이 아니다.

● 1976년 브라질의 커피 수확량 감소로 인해 이듬해 시장의 커피 가격이 폭등했다. 당시 동독 지도부였던 사회주의통일당은 석유 수입을 위한 외환보유액을 유지하기 위해 식량과 사치품의 수입을 제한했는데, 이로 인해 동독 시민들의 큰 저항과 맞닥뜨렸다.

더 나아가 힐러리 클린턴은 2008년 부동산 시장의 거품 붕괴로 인한 금융 위기 사태를 사실 그대로, 그리고 마르크스주의자가 할 법한 설명대로 대공황의 시작이라고 설명했다. 하지만 그녀는 이 위기가 심각한 문제라고 보지 않았다. 클린턴은 수많은 사람들이 이 덫에 빠졌음을 인정했지만, 이 문제를 해결하는 것이 그렇게 중요하다거나 선거에서 이기는 방법이라고 생각하지 않았다. 어쩌면 지하방에 사는 사람들은 모두 의기소침해져서 투표조차 할 수 없을 거라고 생각했는지도 모른다. 분명 그녀는 도널드 트럼프와는 다르다는 것을 약속하는 것만으로도 승리할 수 있을 것이라 여겼을 것이다. 충분히 일리 있는 생각이었다. 인정.

한편 이 동안 이 귤색 머리를 한 얼간이 트럼프는 쇠퇴한 공업 지역을 찾아 연설을 했다. 이렇게 모인 군중의 규모는 처음 버니 샌더스 지지자 규모의 반도 되지 않았지만, 곧 클린턴 지지자의 수를 넘어서기 시작했다. 그는 클린턴이 이름조차 모르는 지역들을 찾아갔다. 클린턴이 화려하고 온정적인 유명 인사들의 협조를 구할 때, 그는 민주당에서 무시하던 가난한 유권자들에게 직접 구애하기 시작했다. 트럼프는 일반 유권자 투표에서는 이기지 못했으나, 목표했던 대로 선거인단 투표에서 승리했다. 그는 역사적 복권에 당첨됐다.

물질이 먼저, 이상은 나중

역사적 유물론자인 마르크스는 특정한 경제적 조건이 특정한 정치적 반응을 불러일으킬 수 있다고 설명한다. 빌어먹을, 마르크스가 옳았다. 마르크스식 역사 해석에 따르면 트럼프가 대통령으로 당선된 것이 말이 된다. 관념론적 관점(사상이 역사를 움직이는 유일한 동력이라는 해석)에 따르면 트럼프의 부상은 비정상적이지만, 마르크스주의자가 보기에 이는 욕지기가 나오지만 논리적이다. 관념론자들은 계속해서 "어떻게 이런 일이 벌어졌는지 도대체 이해할 수가 없다"고 말하지만 역사적 유물론자들은 "거봐, 내가 뭐랬어"라고 응수한다.

지금까지 이 말을 아껴 뒀는데, 이제 카를 아저씨의 유명한 문구를 인용할 때가 왔다.

> 인간의 의식이 그들의 존재를 규정하는 것이 아니라, 반대로 그들의 사회적 존재가 그들의 의식을 규정한다.

다시 한번 읽어 보라. 충분히 시간을 주겠다. 끝내주지 않는가.

흑과 백 모두를 생각할 줄 알았던 발터 벤야민도 이를 알고 있었다. 그는 히틀러가 세를 불려 나갈 때 바로 그 자리에 있었으며, 히틀러의 더러운 파시즘과 증오스러운 살인 게임을 일소할 물질중심적 정치, 즉 마르크스주의의 부재에 절망했다. 역사적으로 엄청난 불황이 올 때마다 (가장 영향력이 컸던 대공황은 나치의 등장과 직접적으로 맞닿아 있었다) 사회주의가 미처 바지를 꿰어 입기도 전에 파시즘이 먼저 개입하곤 했다.

유대인을 탓하라. 무슬림을 탓하라. 저 거들먹거리는 녀석들을 탓하라. 지금 우리가 경험하고 있는 것과 같은 경제적으로 어려운 시기에 비난할 만한 누군가가 존재하는 한, 그 소수자들을 제외한 나머지 다수가 주도권을 가질 가능성이 높다. 그들이 처한 빌어먹을 상황에 대해서 모든 이들에게 책임을 지우는 일만은 하지 마라. 미셸 오바마가 그랬던 것처럼 모든 것이 다 잘 굴러가고 있기 때문에 그 누구도 비난할 수 없다고 한다면, 결국 침체의 시기에 당신 자신이 몰락하게 될 것이다.

이상주의자들의 엄청난 실수

엄청난 빚과 미래에 대한 불확실성에 당면한 사람들에게 '미국의 위대함'이라는 제대로 규정되지도 않은 개념이 먹힐 거라고 생각한 것, 바로 이것이 민주당의 실수였다. 미셸 오바마와 그 동료들은 막연한 동지애에 호소하는 것으로 충분히 사람들을 하나로 모을 수 있을 것이라고 믿었다.

그러나 마르크스주의적 사고방식으로 살펴보자면, 민중은 각자가 지지하는 다른 어떤 신념보다 인간다운 삶에 더 많은 가치를 부여하는 경향이 있다. 그러므로 마르크스주의자들은 자본주의 체제하에서 민중이 인간다운 삶을 위한 투쟁에 나설 때에만 진정으로 단결할 수 있다고 생각한다. 우리가 생활하는 환경이 특정한 가치에 대한 우리의 애착을 형성한다는 것이다. 그리고 언제든 민중의 혁명을 훔칠 준비가 되어 있는 파시스트들은 이 지식을 부당하게 이용하는 법을 알고 있다.

모든 것이 위대하다! 어느 누구도 그렇지 않다고 말하게 두지 마라! 미국에서 가장 우아한 영부인인 미셸 오바마가 미국의 부의 불평등에 관한 자료를 잠깐만 들여다보았다면 이게 얼마나 말 같지 않은 소리인지 알 수 있었을 것이다. 그리고 트럼프는 바로 이 엿 같은 상황을 이용했다.

민주당의 관념론자들은 이러한 경제적 진실을 마주할 용기가 없었던 탓에 트럼프가 미국에 대해서 수없이 많은 거짓말을 할 여지를 주는 엄청난 실수를 저질렀다. 꼭 마르크스주의를 담고 있다고 하기는 어려운 영화 〈귀여운 여인〉에 나온 줄리아 로버츠의 말을 빌리자면, "엄청난 실수. 대박 망했어."

자본주의는 위대하지 않다

마르크스주의자들도 수많은, 진짜 엄청난 실수들을 저질러 왔다. 사회주의 운동의 선봉에 서 있는 남성들은 자신들이 고상한 문제를 논하는 동안 여성들에게 차를 내오게 시켰다. 인종차별을 하거나 인종차별 문제가 아예 존재하지 않는 척하기도 했다. 또한 뜻을 같이하는 동지들의 성별, 성적 취향 또는 신념을 존중하지 않았다.

물론 스탈린과 관련된 문제들도 있었다. 스탈린은 짜증나게도 국민들에게 국가자본주의를 강요해 놓고 "짜잔, 이게 바로 완벽한 공산주의야!"라고 하며 자신이 마르크스주의자라고 거짓말을 했던 놈이었다. 하지만 마르크스주의자가 결코 하지 않은 일이 있다면 바로 모든 것이 그저 '위대하다'고 믿는 것이다.

마르크스주의자들은 세상이 위대하다고 생각하지 않는다. 혹은 자본주의 체제하에서 오랫동안, 또는 다수의 사람들에게 위대할 일은 결코 없으리라고 생각한다. 바로 그런 이유로 마르크스주의자들은 '자본가'와 '노동자' 같은 용어를 사용하며, 대중들은 노동자들을 착취하여 잔인하게 이윤을 뽑아내는 이들에 대한 불만을 터트린다.

이처럼 많은 사람들이 현재 물질적으로 가혹한 환경에 처해 있거나 장차 그런 환경에 처할 위험을 두려워하고 있다는 사실이 마르크스주의의 이론적 기반을 마련했다. 그리고 이러한 이론을 기반으로 다시 새로운 물질적 조건을 창출할 수도 있다.

당신이 형편없는 세계에서 살고 있으며 당신의 정치적 견해를 표현할 수 있는 수단이 파시즘밖에 없다면 당신은 결국 파시스트의 길을 택할 수밖에 없다. 바로 그 때문에 마르크스주의자들은 모두가 하나로 뭉쳐서 싸워야 한다고 주장한다. 지금 우리는 상황이 거지 같다는 사실을 알면서도 그저 세상이 위대하다는 말만 계속 떠드는 클린턴의 민주당 같은 중도 정당에게 표를 적선하는 사람이 거의 없는 시기에 살고 있기 때문이다.

지도자들은 우리가 열악한 상황에서 살고 있다는 사실을 안다. 힐러리도 알고 있었다. 힐러리는 심지어 2015년 기금 모금 행사 연설에서 왜 가난한 이들이 변화를 원하는지 이해한다고 말하기도 했다. 동시에 그녀는 버니 샌더스의 '혁명'을 언급하면서 쿡쿡 웃었다. 힐러리 클린턴은 그 혁명이 얻을 결실의 아주 작은 일부조차도 가난한 이들, 그러니까 부모님 집 지하에 살며 바리스타로 일하는 이들에게 양도할 준비가 되어 있지 않았다. 그녀는 '개인적 책임'을 감당하는 이들로 이루어진, 서로 사랑하고 포용하는 미국 사회에 대한 막연한 이상을 물질적 현실보다 앞에 놓을 수 있다고 생각했다. 마르크스주의자라면 누구나 이것이 큰 실수임을 잘 알고 있다.

안타깝게도 도널드 트럼프는 마르크스주의의 기본 교리 중 하나, 즉 물질적 조건의 변화가 정치적 견해의 변화를 불러온다는 개념을 무시할 정도로 어리석은 인물이 아니었다. 트럼프 선거 연설을 들어보면 매우 미약하기는 하지만 트럼프가 버니 샌더스의 대형 금융기관 반대 정서에 공명했음을 알 수 있을 것이다. 그는 지하에서 지내는 젊은이들의 삶이 정치적으로 큰 문제를 낳을 수 있다는 사실을 알고 있었다. 그리고 이를 해결할 수 있다고 과시했다.

이것이 현대판 파시스트의 모습이다. 그들은 누구나 삶에서 물질적 조건이 가장 우선하며, 이상은 그다음이라는 사실을 알고 있는 듯하다. 그래서 그들은 자주 마르크스주의자처럼 이야기한다. 악마의 똥구멍을 닦는 용도로나 쓰는 게 나을 혓바닥으로 인종차별주의를 조장하지 않을 때면 말이다.

힐러리 클린턴이 대통령이 되었다 해도 별다를 것은 없었겠지만, 도널드 트럼프 행정부가 지금 많은 이들이 처해 있는 물질적 조건을 개선해 줄 가능성은 거의 없다. 실업과 불완전고용은 계속 증가할 것이고, 월스트리트와 실리콘밸리의 고위 경영진 출신들이 백악관 안팎 모두에서 여전히 모든 걸 좌지우지할 것이다.

트럼프에게서 우리는 최악의 정치적 조합, 즉 극도로 불공정한 경제체제를 감추는 극도로 편협한 연설을 본다. 한편 클린턴에게서는 극도로 불공정한 경제체제를 감추는 관대한 연설을 본다. 자유주의자들, 다시 말해 자유민주주의가 근본적으로 옳다고 믿는 이상주의자들은 클린턴 버전이 더 낫다고 생각한다. 마르크스주의자라면 이 경우 '음, 이 상황은 흑인 동시에 백인데'라고 평할 것이다.

야만을 피하기 위한 유일한 방법

물론 정서적 측면에서 보자면 힐러리 클린턴의 유쾌한 중도주의를 아주 쉽게 옹호할 수 있다. 그녀가 수많은 이들을 지하방으로 추락시킨 대대적 경기 침체의 원인이자 그 사태의 최대 수혜자인 골드만삭스 같은 기업과 긴밀하게 연루되어 있음에도 말이다. 최소한 그녀는 지하방에 거주하는 한심한 바리스타 운운할 때를 빼면 그럭저럭 좋은 사람으로 여겨질 만큼의 품위를 가지고 있다.

트럼프에 비하면 클린턴은 고상하다. 비꼴 생각은 없다. 트럼프가 대중과 대화할 때 싸지르는 똥의 속도와 규모는 실로 놀라울 지경이다. 전 세계를 괴롭히는 미국식 신자유주의와 이를 도입하기 위해 드론을 이용한 원격 전쟁 같은 대외정책을 추진할 수밖에 없는 상황이라면, 미국식 미소로 접대하는 편이 낫지 않겠는가.

그러나 마르크스주의자들은 조금도 위대하지 않은 현실에 애태우는 한편으로 이 상황에 지쳐서 치를 떤다. 그리고 모든 것이 발가벗겨진 지금 이 순간을 위해 그들이 오랫동안 준비해 왔다는 사실을 기억한다. 사람들은 이제 전통적인 자본주의를 거부하고 일부는 파시스트에게, 또 일부는 사회주의자에게 동조하고 있다. 고상한 중도주의와 추한 인종차별주의 중에서 하나를 고르는 선택지는 더 이상 존재하지 않는다. 둘 다 용납할 수 없다.

마르크스주의가 개입하지 않는 한 두 견해는 지금까지 그래 왔듯이 앞으로도 계속 서로 영향을 미치면서 발전할 것이다. 자유주의와

파시즘은 반대되는 개념이 아니다. 역사적으로도 이들은 중요한 파
트너였다. 자본주의는 설사 자유주의적 성격을 띤다 할지라도 결국
에는 파시즘을 낳는다. 파시스트가 등장하기 시작하면, 우리는 사회
주의의 때가 왔구나 하고 알게 된다. 이번만큼은 민중의 해방에 실패
해서는 안 된다.

　자유라니, 이 얼마나 황당한 개소리인가. 혁명은 또 얼마나 난해한
개념인가. 게다가 역사적 유물론까지 더해지면 완전 정신이 혼미해
진다. 이렇게 묻는 사람이 있을지도 모르겠다. "도대체 왜 이런 쓸데
없는 용어들을 배우게 하는 거죠?" 답은 다음과 같다. "지금까지 우리
역사에서 내내 반복해서 등장했던 야만적인 파시스트들을 원하지 않
는다면 배우는 게 낫기 때문이지."

　지금까지 여러분은 자신의 삶, 혹은 다른 이들의 삶을 더 나은 방
향으로 바꾸는 것이 '개인의 책임'에 달려 있다고 배워왔을 것이다.
마르크스주의자는 '개인의 책임'이라는 논의에서 단 한 가지 사실만
을 취한다. 지금 이 순간 역사를 이끌어 가기 위해서는 인간 개개인,
그리고 모두가 동참해야만 한다는 사실이다. 그 밖의 나머지는 그저
코미디일 뿐이다.

제2장

자본주의는 결국 실패할 거라니까! 마르크스도 그렇게 말했어!

모두가 착취당하고 있다

나는 굉장히 칠칠맞은 사람이다. 그렇다고 내 칠칠맞음이 어떤 식으로든 자본주의 때문이라고 주장할 생각은 없으니 너무 걱정하지 않아도 된다. 분명히 말해 두는데, 공산주의자라고 해서 모든 것이 자본주의 때문이라고 탓하지는 않는다. 인간의 창조적 본성을 폭력적으로 억압하는 사회나 전 세계적으로 널리 퍼져 있는 편협함의 90퍼센트 정도, 그리고 지배계층에 의한 우리의 예속 상태에 대해서만 자본주의를 비난할 뿐이다.

그러니까 내 말은, 자본주의가 수십억 인구의 재산 소유권이나 죽음, 혹은 악마화의 원인이기는 하지만 자본주의가 나를 얼간이로 만들었다고 말할 수는 없다는 이야기다. 이는 그저 나의 유전적 소프트웨어의 결함, 또는 실리콘밸리의 기업들이 자신들의 실수를 포장할 때 자주 사용하는 표현을 빌리자면 하나의 '특징'에 불과하다.

어쨌거나 지극히 칠칠맞은 인간인 나는 최근 탄력성이 좋은 휴대폰 케이스를 장만하여 새로 산 스마트폰의 필연적인 사망 시기를 늦

추려고 노력했다. 나의 픽셀폰[*](그래, 나도 안다. 나는 자본주의의 성공적인 괴물 중 하나인 구글에 돈과 함께 돈이 될 만한 나의 모든 데이터를 갖다 바쳤다)에 딱 맞는 유일한 제품인 이 망할 플라스틱 조각을 사는데 60달러를 썼다. 무려 60달러나! 이는 나의 약 3시간 노동 임금에 해당하는 돈이다. 굳이 명세표를 뜯어서 총비용이 얼마나 들었는지 확인해보지는 않았지만, 운송비도 꽤 비쌌던 걸로 기억한다.

이 플라스틱 조각은 싱가포르(그렇다고 싱가포르에서 만들어진 것도 아니다)에서 호주의 내 주소로 배송되었다. 이것이 정확히 어느 나라의 어떤 환경에서 만들어졌는지는 알지 못하지만, 그 대답이 각각 '개발도상국 어딘가'의 '아주 열악한' 환경이라고 확신한다. (조만간 그 대답이 '섹시한 로봇에 의해' 또는 '나의 3D 프린터에서'가 될 수도 있다. 세계는 자동화가 가져오는 변화를 맞이할 것이다. 마르크스주의적 스포일러를 하자면, 섹시 로봇의 시대는 자본주의의 종말을 가져올 것이다.)

자기 꼬리를 잡아먹는 뱀

누구나 이 플라스틱 휴대폰 케이스를 구매할 때와 흡사한 기분, 즉 바가지를 쓴 느낌을 받아 본 경험이 있을 것이다. 싸구려 장신구나 서

● Pixel. 구글의 스마트폰.

비스, 부품 등에 비싼 값을 지불하면서 '이건 말도 안 돼'라고 생각하는 경험 말이다. 비단 너무 비싼 가격이 책정된 휴대폰 케이스가 아니더라도, 이처럼 자본주의는 때로 너무나 비효율적인 모습을 보인다.

건강, 교육, 범죄자 수감, 기후 변화와 같은 분야에서 민간 자본주의자들은 국가자본주의 기관들보다 더 많은 자금을 사용하면서 훨씬 인색한 결과를 내놓는다. 민간 자본주의는 자체 계산으로도 굉장히 형편없는 가치를 제공한다. 그들이 야기하는 섬뜩한 환경오염, 그리고 이를 완화하기 위해 필요한 자금의 규모를 생각해 보라. 2008년 경제 위기 때, 미국 정부의 구제 자금이 결국 문제를 일으킨 바로 그 금융기관들의 손에 들어갔던 일을 생각해 보라. 대체 무엇을 위한 구제였던가?

그 사태는 우리 왕국 최고의 양탄자에 일부러 똥을 싼 갓난아이 황제에게 상을 준 거나 다를 바 없었다. "이런, 페르시아 양탄자를 더럽혔구나? 어쩔 수 없지. 그러면 대신 이 바이외 태피스트리*를 받으렴. 다음에는 여기에 싸면 된단다. 자, 이제 새로 찍어 낸 채권 다발로 너의 앙증맞은 궁둥이를 닦아 줄게" 하는 식으로 말이다.

기득권 정치인들은 금융 분야의 리더들이 사실은 조잡한 신화를 기반으로 한 특권층 세대라는 점을 인정하지 않는다. 오바마와 클린

● Tapisserie de Bayeux. 중세에 제작된 벽걸이 장식으로, 길이 70미터, 너비 50센티미터의 대작이다. 2007년 프랑스의 유네스코 세계기록유산으로 지정되었다.

턴도 구제 금융을 전적으로 지지했다는 사실을 기억하라. 정치인들은 후기 자본주의의 결정적 실패를 인정하기보다는 이를 유지하기 위해 세금을 쏟아붓는다. 만약 그들이 위대한 위기 이론가인 마르크스의 저작에 단 세 시간 만이라도 투자했다면, 자본주의 경제는 절대 안정을 이룰 수 없으며 오히려 언제나 위기를 초래해 결국에는 자기 꼬리를 잡아먹게 될 운명이라는 것을 알 수 있으리라.

이번 장에서 우리가 지겹게 이야기할 주제는 바로 이것, 자본주의 체제 그 자체에 내재한 위기 경향성이다. 여기에서 자본주의가 도덕적 관점에서 얼마나 썩어 빠진 체제인지 길게 논의할 생각은 없다. 다만 그 경제적 실패에 대해서만 진단할 것이다.

물론 마르크스주의자들은 자본주의가 인간의 생명을 경시하는 경향에 극도로 예민하다. 하지만 동시에 자본주의의 내재적 모순이 체제의 실패를 자초할 수밖에 없다는 데 확신을 가지고 있다.

3달러짜리 티셔츠에 숨겨진 비밀

대마불사▲ 기관들이 애초에 존재하기 어려울 정도로 거대하고 무책임하다는 명백한 증거는 차고 넘치지만, 그럼에도 불구하고 민간

▲ too big to fail. 규모가 너무 커서 경제에 큰 영향을 미치기 때문에 구제 금융 등을 통해 결국 살아남는 대형 회사를 말한다.

자본주의가 군살 없는 효율적인 시스템이라는 견해가 지배적이다. 실제로 이 조직 체계는 매우 효율적이며, 아주 저렴한 가격으로 많은 것들을 생산해 소비자에게 제공한다. 교육, 주거, 보건, 군사, 기후 변화, 지속가능한 식량 생산, 그리고 기타 나처럼 정치적 올바름 운운하며 '입바른 척하는' 사람만이 쩡쩡거릴 돈이 많이 드는 사소한 몇 가지를 제외하면 말이다.

예를 들어 지금 내가 입고 있는 티셔츠의 가격은 3달러다. 의류 창고에서 무료 배송으로 내 집에 도착한 이 티셔츠의 역사에 대해 샅샅이 조사할 생각은 없지만, 나는 이미 그에 대해 충분히 알고 있다. 솔기에 '메이드 인 방글라데시' 라벨을 부착한 노동자는 착취당했을 것이다. 어쩌면 그녀는 라나 플라자^{Rana Plaza} 건물 붕괴 참사[•]로 목숨을 잃은 수많은 노동자 중 하나였을지도 모른다. 그렇다. 우리가 입고 있는 티셔츠는, 지금은 세상에 없는 한 동지가 만든 것일 수도 있다. 나는 영국에서 이 셔츠를 포장한 노동자가 착취당했다는 사실도 잘 알고 있다. 어쩌면 창고에서 나갈 때마다 몸수색을 당했을지도 모른다. 내 집 앞까지 티셔츠를 배달해 준 저 호주 노동자도 착취당했다. 지금 이 셔츠를 입고 있는 나 자신도 착취당하고 있다.

● 2013년 방글라데시에서 아파트형 공장이었던 라나 플라자가 붕괴된 사고다. 이 건물에는 봉제공장, 의류공장 등이 밀집해 있었으며, 이 사고로 사망한 이들은 모두 공장에서 일하던 노동자였다. 이 사고로 1,000여 명 이상이 사망하고 2,500명 이상이 부상을 당했다.

내가 착취당하는 노동자 신세가 아니었다면 최소한 노동조합 소속 노동자가 만든 게 확실한 상품을 구매할 능력이 있었을 것이다. 나는 누군가를 상처 입히면서 만들어지는 티셔츠를 사고 싶지 않다. 빌어먹을, 나는 애초에 그런 환경에서 티셔츠가 만들어지는 상황을 원하지 않는다. 결국 이 티셔츠는 양 끝에 착취당하는 노동자를 매달고 있는 셈이다. 그리고 소수의 지배계층 놈들은 이 직물을 이루는 섬유 사이에서 믿을 수 없을 만큼 많은 이윤을 뽑아내고 있다.

그러니 마르크스주의자가 자본주의 체제하에서 항상 누군가는 착취당하고 있다고 말해도 놀랄 일은 아니다. 정말 놀라운 사실은, 마르크스가 한동안 자본주의의 대량 생산 방식에 감탄하는 글을 자주 썼다는 점이다. 심지어 마르크스의 가장 유명한 저작이자 자본주의를 피에 물든 황금 송곳니를 가진 탐욕스러운 악마로 묘사하고 있는 《공산당선언》을 읽다 보면 마르크스가 '이 괴물의 생산 속도는 정말이지 인상적이야!'라고 생각한다는 느낌을 받을 수 있다. 이는 실제로 많은 면에서 사실이기도 하다. 역사적으로 민간 자본주의가 합리적인 비용으로 도로를 건설하는 등의 일에는 형편없었지만, 그 도로 위를 달리는 것들을 발명하는 데에는 아주 뛰어났다.

진정한 마르크스주의자는 민간 자본주의나 국가자본주의가 우리에게 가치 있는 것이라고는 하나도 가져다주지 않았다고 말하지 않는다. 그렇게 말한다면 그건 거짓말이다. 구소련(다시 한번 말하지만 구소련은 공산주의 체제가 아니라 통제된 국가자본주의 체제였다)의 유례

없는 초기 경제성장을 연구한 경제학자라면 누구나 동의할 것이다. 지금까지 자본주의 체제하에서 기술과 사회가 눈부시게 발전해 온 덕분에, 그리고 그 체제가 많은 이들의 생활을 개선할 가능성을 가지고 있기 때문이다.

하지만 이 엄청나게 빠른 속도가 대중을 향해 칼날을 겨누고 많은 이들을 해치기 시작한다면, 그때야말로 자본주의가 아주 좋아하는 '비용 편익 분석'을 해야 할 때다. 우리 중 아주 소수만이 자본주의의 과실을 누릴 수 있다면 풍요와 기술이 무슨 의미가 있단 말인가? 우리를 지속시켜 줄 가능성이라고는 조금도 없는 미래와 충돌하기 전에 자본주의의 페달에서 발을 떼자.

위대한 헨리 포드의 방식이 실패하다

자본주의가 낳은 가장 눈부신 발전은 마르크스 사후에 나왔다. 이 털복숭이 할아버지가 자동차 산업의 부상을 직접 봤다면 아마 기절초풍했을 것이다. 그리고 헨리 포드의 경영 방식에 대해서 아주 분노에 찬 글을 써댔을 것이다. '자동차라는 물건은 대단하지만 이 운영 방식은 총체적으로 종식시켜야만 해! 끝장내 버려! 공장을 장악하라! 스스로의 노동을 되찾아라!'라고 주장했을지도 (마르크스는 선전물에 느낌표를 매우 즐겨 사용했다) 모른다.

마르크스주의자가 아닌 대부분의 기업인들은 헨리 포드를 찬양하는 글을 써왔다. 그들은 그의 업적을 기려 이 시대를 포드주의 시대라고 명명하기도 했다. 도널드 트럼프와 그 추종자들 중에는 심지어 우리가 포드주의 시절로 돌아갈 수 있다고 생각하는 이들도 있다. 웃기는 일이 아닐 수 없다.

미숙련 노동자를 이용한 효율성의 극대화

포드주의는 20세기 초반 서구의 공장에서 사용된 노동력 조직 방식으로, 다수의 조립 업무에 미숙련 노동자들을 배치해 효율성을 극대화한 방식을 가리킨다. 이런 방식을 포드가 처음 사용한 것은 아니었다. 하지만 그는 당시로서는 기록적으로 여겨질 만큼 대규모로 이 방식을 이용했다. 포드 공장의 노동자들은 이 조직을 통해 수백만 대의 자동차를 뽑아냈다.

또한 이 용어는 포드에게서 후한 임금을 받은 노동자들이 자신들이 생산한 바로 그 자동차를 살 수 있게 해준 저비용 생산을 의미하기도 한다. 생각해 보면 실로 대단한 일이다. 여러분의 할아버지, 또는 할아버지의 할아버지, 증조할아버지의 시대를 상상해 보라. 이 시대를 살던 사람들 대부분은 두어 벌의 옷과 간신히 배를 채울 만한 음식 외에는 가진 것이 아무것도 없었다. 그런데 고작 몇 년 만에 이 새로운 환경에서 노동하는 수많은 사람들이 자동차라는 경이를 누릴 수 있게 되었던 것이다. 이와 비교하면 우버라는 현대판 마법은 중고 세발자전거처럼 느껴질 지경이다.

포드는 노동자들에게 높은 임금을 주기로 유명했다. 또한 골수 인종차별주의자로도 악명이 높아, 흑인과 유대인에 대해 지독한 내용을 담은 서한을 쓰기도 했다. 그는 인종차별주의에 찌든 얼간이었다. 하지만 헨리 포드는 대부분의 다른 기업인들이 인종에 구애받지 않는 동일 임금 제공을 생각조차 못하던 때에 자신의 공장에서 일하는 흑인 노동자들에게 백인 노동자들과 동일한 임금을 지급한 사람이기도 했다.

자본주의자의 제1목표

이쯤 해서 잠깐 멈춰서 지난 장에서 써봤던 끝내주는 역사적 유물론자의 모자를 쓰고 지금까지 내가 열나게 떠들었던 문제들에 대한 기억을 떠올려 보자. 인종차별주의 같은 사상은 어디에서, 어떤 물질적 조건에 의해 형성되고 지지받을까?

포드주의 시절을 예시로 들자면, 이 경우 물질적 조건은 인종차별적 사상의 형성을 지체시킨 셈이다. 이는 헨리 포드가 좋은 사람이라서가 아니라 인종차별주의가 비즈니스적으로 도움이 되지 않았기 때문으로 보인다.

어떤 경우에는 인종차별주의가 비즈니스에 도움이 되기도 한다. 하지만 그렇지 않을 때도 있다. 마르크스주의자가 주목해야 할 지점은, 비즈니스의 성격과 관계없이 애초에 비즈니스가 이러한 차별적 사상에 영향력을 행사하지 못하도록 해야 한다는 것이다.

오늘날 애플이 동성 결혼 등을 옹호하는 것은 정말 좋은 일이다. 하지만 도대체 왜, 누구 마음대로 대기업이 우리의 도덕적 결정에 이래라저래라 하게 내버려 둔단 말인가? 코카콜라가 우리에게 관용을 가져다줄 수도 있지만, 동시에 불관용을 가져올 수도 있는 법이다. 가장 많이 소유한 이들에 의해 내부적 의사결정이 이루어지는 기업들이 도덕적 결정을 내릴 힘을 갖게 해서는 안 된다.

의도한 것은 아니겠지만 디트로이트에 아프리카계 미국인의 문화와 공동체가 크게 융성할 수 있도록 만든 장본인이 포드였다. 동시에 그는 흑인 비하 발언을 입에 달고 살던 지독한 인종차별주의자이기도 했다. 그럼에도 포드는 비즈니스에 한해서 자신의 인종차별주의를 잠시 접어 두었는데, 이는 결코 그가 좋은 사람이라서가 아니었다. 이미 충분히 설명했듯, 그는 지독한 꼴통이었다.

그가 인종에 관계없이 동일 임금을 지급한 이유는, 흑인 노동자에게 충분한 임금을 주면 노동자들은 그가 만든 물건을 살 여력이 생길 것이며 자기 공동체의 다른 사람들에게도 그의 물건을 사라고 권유할 것임을 잘 알고 있기 때문이었다. 만약 인종에 따라 자동차 가격에 차등을 두는 것이 더 그럴싸하고 효율적이었다면 포드는 그렇게 했을 것이다.

그러니까 마르크스주의자로서 말하자면, 포드의 사례나 기타 다른 비즈니스 사례에서 어떤 미덕을 발견하든 이는 의도적인 결과가 아니다. 그저 신속한 제작과 배포 및 판매, 그리고 이윤을 극대화하기 위한 움직임에 불과할 뿐이다. 다시 말해 인종차별주의에 찌든 얼간이가 자기 사업장에서 인종차별주의 근절을 꾀하는 것이 불가능한 일은 아니지만, 오로지 그렇게 하는 것이 더 이득이 될 때만 가능하다. 만약 인종차별주의가 더 많은 이윤을 추구하는 데 도움이 된다면, 이들은 다시 인종차별주의를 부활시킬 것이다.

우리가 다음으로 살펴볼 회사는 토요타인데, 토요타는 생산라인을 끊임없이 굴리기 위해 노동자들 사이의 성차별주의와 인종차별주의적 편협성을 아주 다양하게 활용했다. 자본주의자의 진정한 동기는 바로 이윤이다. 그럴 수밖에 없다. 다음 장에서 집중적으로 비판할 빌 게이츠 같은, 선하게 보이는 이들의 동기도 바로 이윤이다. 부디 이 점을 잊지 마라.

노동자로서 우리 물질적 삶의 조직 방식, 예컨대 우리가 무엇을 먹고, 어디에서 자고, 노동을 통해 얼마나 즐거움을 얻는지가 우리의 삶과 그에 대한 사고방식을 조직한다. 즉 물질적 조건이 노동자의 사상과 삶의 대부분을 구성한다.

이는 자본주의자들도 마찬가지다. 자본주의자는 물질적 부의 추구를 가장 우선적인 동기로 삼고 움직인다. 결코 그 반대 방향으로는 작용하지 않는다. 만약 어느 자본주의자가 오로지 노동자들을 착취해서는 안 된다는 순수한 도덕적 당위를 따르는 방식으로 사업하겠다고 결심한다면, 그는 곧 자본주의자가 아니게 될 것이다.

포드의 도시, 디트로이트의 몰락

과거 포드주의 하에서의 삶은 조화롭고 멋져 보였다. 자유주의 경제학자들이 자본주의의 자연적 상태라 부르는 평형상태의 실제 모델이라 불러도 손색이 없을 정도였다. 그러나 마르크스주의 경제학자는 이것이 궁극적으로 불가능한 일이라 본다.

상품을 만든 노동자들이 그 상품을 구매했다. 이 노동자들이 공장을 중심으로 행복한 공동체를 건설했다. 이 공동체의 필요를 충당하기 위해 동네 가게들이 연달아 생겨났고 이들 역시 갓 구워진 포드주의 파이의 한 조각을 차지했다. 이민자와 흑인이 백인과 함께 노동했고 때로는 함께 어울리기도 했다. 그들은 만족했다. 그들 모두 포드 자동차를 몰았다. 그들은 더 많은 포드 자동차를 만들었고 미국은 포드 자동차를 샀다. 포드 자동차는 미국 전역에 유통되고 팔렸으며, 이어서 세계 전체로 뻗어 나갔다. 기업이 이윤을 위해 경쟁하면서 자동차는 점점 더 정교해졌다. 자본주의는 승리한다! 미국 만세!

포드주의는 위대한 모델로 여겨진다. 하지만 이는 자본주의적 시각으로 보았을 때만 그렇다. 마르크스의 시각으로 본다면 이 모델은 지속가능하지 않으며, 결국에는 위기에 봉착하여 종말을 맞이할 운명임을 알 수 있다.

마르크스까지 끌어들일 필요도 없다. 포드가 지었다고 해도 과언이 아닌 디트로이트가 얼마나 몰락했는지 보여 주는 사진 한 장이면 충분하다. 한때 자동차 산업 노동자들이 기꺼이 노예 생활을 자처했던 이 과거의 위대한 도시는 오늘날 사실상 폐허가 되었다.

이곳이야말로 '내가 가려운 등을 긁어 줄게' 식의 자본주의, 관대한 기업가들과 감사하는 노동자들이 영원한 조화를 이루는 자본주의가 여전히 존재할 수 있음을 보여 주기 위해 우리가 포드주의라는 용어를 선사한 도시다. 이곳은 미국의 '하면 된다' 정신을 기리는 아름다운 석조 기념물이 서 있는 도시다. 영어를 할 줄 모르는 이민자나 읽고 쓰는 법도 배우지 못했던 흑인도 근사한 삶을 영위할 수 있을 뿐만

아니라 아름다운 문화를 창조할 여유로운 시간까지도 누릴 수 있을
만큼 많은 돈을 벌 수 있었던 도시다.

많은 이들이 디트로이트의 높은 천장과 위대했던 인프라를 찬양
하지만, 이 도시가 만들어낸 소리야말로 이 도시가 누렸던 과거의 풍
요를 보여 주는 상징이다. 아레사 프랭클린, 화이트 스트라이프스,
존 리 후커, 데릭 메이, 엠시파이브, 에미넴 등등. 물론 이 예술가들이
모두 안락한 삶을 누리지는 못했다. 하지만 이들 모두 충분히 풍요로
운 도시에서 충분히 오랫동안 생활했던 사람들이다. 위대한 문화를
생산할 수 있는 후원 네트워크를 구축할 수 있는 수단과 스튜디오들
이 이 도시에 갖춰져 있었다.

여기에서 마르크스가 위대한 문화를 생산하거나, 또는 여가를 즐
길 시간을 가지는 데 열정적이었음을 짚고 넘어갈 필요가 있다. 마르
크스는 프랑스 소설을 사랑했고 종종 편지에서 '대영도서관 지하에
서 자본주의자들의 헛소리를 보느라 시간을 낭비하느니 발자크Honore
de Balzac를 읽으면서 침대에 누워 오후를 보내고 싶다'고 투덜거리기
도 했다. 마르크스는 삶의 '정신적이며 세련된' 것들을 사랑했고 여기
에는 일말의 위선도 없었다.

그렇다면 나는 누릴 것 다 누리는 부유한 샴페인 좌파라는 말인가?
제기랄. 그래, 나는 그런 사람이다. 와인협동농장에서 공수한 거품
가득한 멋진 샴페인으로 계급투쟁의 완수를 축하하며 건배하고 싶지
않은 사람이 누가 있는가? 마르크스는 우리 모두가 문화, 즐거움, 그

리고 개인의 생산성을 위해 더 많은 자유를 누리기를 원했다. 그는 이를 위해 자기 자신의 여가를 포기했던 것이다. (그가 술은 끝까지 끊지 못했다는 건 별개다.)

인간의 노동이 이윤을 창출한다

자본주의도 디트로이트가 그랬던 것처럼 주머니 사정이 좋은 시기를 누릴 수 있다. 그렇게 말한다 해서 마르크스주의자의 자격을 박탈당하는 것은 아니다. 자본주의 덕분에 빈곤에서 벗어난 이들도 있다. 이렇게 말하는 것 역시 마르크스주의자로서 아무 문제도 되지 않는다.

다만 마르크스주의자라면 그런 시간과 장소는 오래가지 않는다고 말할 것이다. 오래 지속될 수가 없다. 역사상 지금까지 시도했던 모든 체제가 그렇듯 자본주의는 계속 움직인다. 때로는 일부의 사람들에게 좋은 결과를 낳기도 하고 때로는 수많은 이들에게 나쁜 결과를 초래하기도 한다. 노동자로부터 '잉여'를 취해서 (이에 대해서는 나중에 다시 설명할 것이다) 이윤을 얻는 구조에 의존하는 이 체제는 언제나 모습을 달리할 것이며 그 강점을, 그리고 궁극적으로는 결점을 드러낼 것이다.

앞에서도 한 번 말했지만, 《자본론》에서 이러한 모순을 배울 수 있다. 이를 이해하려면 먼저 자본주의자의 이윤은 인간의 노동에서 나온다고 주장하는 마르크스의 노동가치설을 알아 둘 필요가 있다.

인간의 노동을 덜 필요로 할수록 창출할 수 있는 이윤도 줄어든다. 이상하게 들린다는 것도 잘 안다. 간단하게 설명하자면, 언제나 위기 직전 상태에 있는 자본주의는 스스로의 잉여에 질식할 운명이라는 것이다. 관심이 있다면 《자본론》 제3권 제13장의 이윤율 저하 경향을 읽어 보라. 으, 어려운 주제다. 차라리 지금까지 해왔듯이 우리가 더 쉽게 이해할 수 있는 재앙에 대한 논의를 계속하기로 하자.

2008년 금융 위기 이후, 이제는 더 이상 위대한 음악을 생산하지 않는 도시 디트로이트가 2013년에 파산 신청을 했다. 어떤 비유가 아니라 200억 달러 상당의 현실이다. 디트로이트의 퇴락한 공공건물들은 이후 나와 같은 백인 지식 노동자들이 아이폰으로 이 사진들을 들여다보면서 "아, 쇠락한 도시는 어쩌면 이렇게 아름답고 서글픈가" 하고 중얼거리는 흔하디흔한 온정주의적 포토 에세이의 대상으로 전락했다.

디트로이트의 실업률은 믿기 어려울 정도이며, 최근 몇 년 동안에는 사람들이 계속 도시를 빠져나갔다. 최근에야 통계학자들이 실업을 정의할 새로운 방법을 모색하면서 실업률이 조금 줄어들긴 했다. 이제 미국에서는 구직 활동을 중단하거나 단 몇 시간만 노동하더라도 더 이상 실업 상태가 아닌 것으로 분류된다.

현재 이 지옥 같은 도시에는 겨우 약 60만 명의 비참한 사람들이 살고 있지만 연간 살인 사건은 300건이 넘는다. 이는 경제적 지불 능력을 갖춘 2,300만 명의 인구를 보유한 호주 전체의 연간 살인 사건 수보다 60배나 높은 수치다. 디트로이트는 죽어 가고 있다. 디트로이트는 현재 전시 상태다.

자본주의에 내재된 유전적 위험성

어쩌다 이런 일이 벌어진 것일까? 오늘날 유럽 전역의 도시를 휩쓸고 곧 우리 이웃에까지 닥쳐올 이 폭력을 낳은 원인은 무엇인가? "그냥 디트로이트 사람들이 나쁜 거야"라고 변명하며 문제를 덮어 둘 것인가? 아니, 우리는 관념주의 얼간이가 아니다. 우리는, 마르크스주의자는 역사적 유물론자다. 그러니 우리는 노동자의 물질적 조건이 이 재앙을 초래하는 데 상당한 역할을 했다고 말할 것이다. 가진 게 아무것도 없는 사람들은 생존에 필요한 일이라면 뭐든지 하기 마련이다. 스스로를 지키기 위해 총을 장만하는 것처럼.

어떤 사람들은 디트로이트 살인 범죄 문제에 대한 해결책이 총기 규제라고 말할지도 모르겠다. 총기 규제가 좋은 생각이라는 데 반대하는 것은 아니다. 하지만 먼저 다음의 두 가지 문제를 생각해 보기를 촉구한다. 먼저 사회적 공백에는 아무것도, 심지어 총조차도 존재하지 않는다. 둘째, 미국의 가난한 흑인 청년으로 산다는 것이 어떨지 상상해 보라. 한때 아프가니스탄 전쟁에서 사용되었던 장비를 갖추고 있는 군사화된 경찰 병력 앞에서 너무나도 현실적인 죽음의 공포에 당면해 있는, 혹은 합법적 고용 형태에서 철저하게 배제된 현실에 처한 청년 말이다. 이런 상황이라면, 어쩌면 당신도 총이 필요하다고 생각하게 되지 않을까? 이건 일종의 군비경쟁이다.

자본주의의 위기를 살펴보는 우리의 짧은 여행에서 총기 규제까지 논의하자는 것은 아니다. 그러나 '총기 규제' 같은 자유주의적 해결책을 꺼내 들기 전에 먼저 그들이 처한 물질적 환경이 어떤지 들여다봐야 한다. 아무리 고상하고 바람직한 해결책이라 하더라도 이러한 해결책은 우리가 지금까지 묘사한 문제의 아주 일부만을 해결할 수 있을 뿐이다.

다시 포드주의 이야기로 돌아오자면, 헨리 포드가 한때 달성했던 자본주의의 평형상태라는 달콤한 꿈에 젖어 있는 사람들은 디트로이트의 상황을 설명하기 위해 정실 자본주의* 같은 용어를 들먹인다. 다시 말해 소수의 나쁜 사람들이 욕심 때문에 올바르지 못한 결정을 내렸다는 것이다. 이 논리는 사람들이 선하다면 자본주의도 문명화될 수 있다고 말한다. 이는 내가 앞서 설명한 것처럼 두 가지 측면 모두에서 이상주의적이다. '몇몇 썩은 사과가 전체를 망가뜨린다'는 식이다.

그러나 마르크스주의자는 그저 순진하게 사람들의 선한 행동을 기대할 수는 없으며 소수의 나쁜 사람들만 비난한다고 문제가 해결되지는 않는다고 생각한다. 이들은 시스템으로 인해 자연스럽게 미

● crony capitalism. 혈연, 지연, 학연 등에 구애받는 집단주의적 성격의 경제활동을 말한다. 주로 한국의 재벌 같은 족벌 경영과 정경 유착, 기업 연고주의 등의 현상을 일컫는다.

덕이 발생하는 세계를 이상적으로 여긴다. 썩은 사과 이론은 더 이상 통하지 않는다. 마르크스주의자는 모든 사람들이 진심으로 멋지고 선하기 때문에 훌륭하게 처신할 것이라고 생각하지 않는다. 마르크스주의자는 상자 자체가 썩었다(여기에서 사과 상자는 자본주의 생산방식을 말한다. 보라, 이제 나도 비유를 사용한다)고 생각한다.

마르크스와 엥겔스는 19세기 노동자 계층을 대상으로 작성된 선전물인 《공산당선언》에서 끝내주는 비유를 많이 사용했다. 그 유명한 구절 가운데 이런 부분이 있다.

> 이리하여 부르주아지는 무엇보다 자신의 무덤을 파는 일꾼들을 양성해 낸 것이다.

다시 말해서 자본주의는 스스로를 파괴할 조건을 창출한다. 내가 칠칠맞음이라는 위험한 유전적 요소를 가지고 있는 것과 마찬가지로 자본주의도 그러하다. 마르크스의 시각에 따르면 자본주의는 '자기 파괴'라는 이름이 붙은 거의 보이지 않는 버튼, 즉 내부적 모순을 가지고 있다. 이제 이 거대한 마르크스주의 사상의 중요 요소 몇 가지를 해체해 보자.

노동자를 위한 노예노동

마르크스와 엥겔스의 비유에서 무덤 파는 일꾼들은 바로 우리들, 유급 노동자이건 무급 노동자이건 관계없이 우리 모두(설사 실업 상태라 하더라도 우리는 여전히 자본주의의 일벌이다. 이에 대해서는 나중에 더 설명하기로 하자)를 말한다. 자살 충동에 시달리는 부르주아지는 공장이나 소프트웨어의 상표권 등 생산수단을 소유하고 있는 이들을 의미한다. 우리 노동자들, 즉 무덤을 파는 일꾼들은 생산물을 만들기 위해 이 생산수단을 사용한다.

때로는 부르주아지가 이윤을 많이 창출해서 전 세계에 널려 있는 무덤 파는 일꾼들에게 약간이나마 좋은 일을 하기도 한다. 또는 나의 경험에 따르면, 그들의 존재를 참아 줄 수 있을 만큼 많이 창출한다. 그렇다. 계속 이야기한 것처럼 우리의 삶은 개발도상국에 사는 대부분의 사람들의 삶보다는 훨씬 견디기 쉽다. 하지만 우리의 삶은 전혀 나아지지 않는다. 특히 밀레니얼 세대들에게 삶은 점점 나빠지고 있다. 괜히 여러분을 프레카리아트*라 부르는 것이 아니다.

현재의 자본주의 체제하에서 나는 어쩌면 죽은 여인의 손에 만들어졌을 3달러짜리 싸구려 티셔츠를 포함해 다른 저렴한 상품들을 구입할 수 있다. 자본주의자들이 그녀의 신체를 너무나 쉽게 구매할 수

● precariat. '불안정한'이라는 뜻을 지닌 precarious와 프롤레타리아트를 합성한 조어. 불안정한 고용, 노동 상황에 놓인 비정규직, 파견직, 실업자, 노숙자들을 총체적으로 부르는 말이다.

있는 것으로 여긴 덕분에, 이 셔츠는 점점 더 감소하는 임금으로 연명하는 나나 다른 노동자들이 구입할 수 있을 만큼 저렴하다. 하지만 엄밀히 말하자면 최근 수십 년 간 이렇게 임금이 줄어든 이유는 우리 사회에서 공장들이 무너지고, 노동자들을 심하게 몰아쳐도 되는 곳으로 노동 수요가 빠져나갔기 때문이다.

서구를 포함한 선진국에서는 더 이상 이러한 티셔츠를 생산할 수 없다. 경제학자들은 종종 이를 '월마트 효과'라고 부른다. 대부분의 선진국 노동자들이 현재 너무 형편없는 임금을 받기 때문에, 그들이 살 수 있을 만한 가격으로 옷을 만들기 위해서는 노예노동이 필요할 수밖에 없다는 것이다.

물론 엄밀히 말해서 이 재봉사들이 노예는 아니다. 하지만 격무와 기아 중에서 하나를 선택해야만 하는 사람을 달리 뭐라고 부르겠는가? 조금 다른 이야기이기는 하지만, 마르크스는 20대 초반일 때부터 '자유'의 법적 보장은 실제로 결코 어떤 것도 보장해 줄 수 없다고 열정적으로 주장하곤 했다. 나도 이 점에 대해서는 마르크스에게 전적으로 동의한다. 노동시간 내내 생산 라인에 매여 있는 이들에게 결사의 자유가 있다 한들 무슨 의미가 있겠는가.

이렇게 노예들이 만들어 낸 옷들은 대부분 이 옷을 구매하는 바로 그 사람들에 의해 선반에 진열된다. 부르주아지는 '자유 시장'에 대해 떠들지만 그 셔츠를 만드는 사람도, 진열하는 사람도, 그리고 구매하는 사람도 마르크스주의 시각에서 보면 자유와는 거리가 멀다.

'끝내주는 미국'의 진짜 의미

앞에서 언급한, 미국에 제조업 일자리를 다시 가져오겠다던 도널드 트럼프의 선거공약을 기억하는가? 그가 내세웠던 애국심을 부추기는 문구들도 물론 기억할 것이다. '더 이상 중국은 아니다! 방글라데시도 아니다! 이들 국가들이 자기네 상품을 미국에 판매할 경우 세금을 왕창 부과해서 더 이상 상품을 수출하지 못하게 할 것이다! 우리 물건은 우리가 만들 것이다! 그렇게 되면 끝내줄 것이다! 미국 만세!' 이 구호들은 월마트에서 파는 티셔츠를 생산하는 것과 같은 정직한 노동을 사랑했을 미국의 수많은 실업자들과 불완전고용 상태에 있는 유권자들에게 무척 근사하게 들렸다. 하지만 이는 트럼프가 하지 않을, 그리고 할 수 없는 조치다.

자본주의는 트럼프의 약속을 불가능하게 만든다. 이 인간이 사실은 너무 미련해서 자기 약속이 거짓이라는 것도 모를 정도인지 누가 알겠는가? 미국인이 입는 셔츠가 미국인의 노동으로 생산된다면, 그 가격은 배로 뛸 것이다. 현재 월마트 효과, 즉 개발도상국의 노예노동 덕분에 사실상 구매 지원을 받고 있는 미국 노동자들은 임금이 크게 인상되지 않는 한 이 셔츠를 구매할 능력을 갖추지 못할 것이다. 트럼프가 제안한 계획에 따르면 부르주아지, 다시 말해 생산수단을 소유한 이들은 티셔츠 가격을 인상하거나 티셔츠를 생산하고 판매할 미국인의 임금을 인상하는 방법 중 하나를 선택해야 한다. 어떤 방향을 선택하든 낮은 판매량과 높은 임금이라는 자본주의 사이클로 인해 기업의 이윤은 사라질 것이다.

흔히 보호주의라고 불리는 트럼프의 정책은 먹히지 않을 것이다. 그렇다고 2012년 클린턴의 주장대로 환태평양경제동반자협정*이 '황금률'이라거나, 트럼프의 애국적 공약과 달리 미국의 세계화 프로그램을 계속해야 한다는 뜻은 아니다. 다만 우리는 세계화를 지속시킬 수도, 그렇다고 현지 생산이라는 옛날 방식으로 돌아갈 수도 없다는 것이다.

● 아시아·태평양 지역의 국가들 간에 이루어지는 광역 자유무역협정을 말한다. 미국은 중국의 동아시아 지역 무역 시장의 영향력 확대를 견제하고자 이에 매진하고 있다.

위대한 시대는 돌아오지 않는다

세계화와 반대되는 현지 생산 개념은 트럼프와 같은 인종차별주의에 찌든 국수주의자들뿐만 아니라 버니 샌더스 같은 온건 좌파 국수주의자들도 공약하고 있는 방식이다. 버니를 비난하는 건 미안하게 됐다. 그는 멋진 사람이고 아주 중요한 운동에 다시 호흡을 불어넣었다. 교육자로서 버니의 효과에 대해서는 그저 경탄을 금할 수 없다. 그는 대부분 밀레니얼 세대였던 수백만 명의 사람들에게 금융 위기에 대해 설명했다. 하지만 그런 버니조차도 "일자리를 되찾을" 수 있다는 신빙성 없는 주장을 한다.

일자리 회복은 말도 안 되는 공약이다. 애초에 되찾을 일자리는 없다. 이런 식의 보호주의는 엉터리다. 지금은 더 이상 포드의 전성기가 아니다. 이윤이 남지 않는 상황에서 이런 옛날식 자본주의 방식을 되살릴 수는 없다. 세계화, 다시 말해서 세계자본주의 역시 엉터리다. 개발도상국의 노예 상태가 더 이상 선진국에 이윤이 되지 않을 때까지 그들을 노예 상태로 유지할 도덕적, 혹은 합리적인 논리를 생각해내지 않는 한 말이다. 머지않아 이들 개발도상국에도 '되찾을' 일자리가 거의 남지 않게 될 것이다.

이러한 노예 국가의 노동자들도 서서히 기계로 교체되면서 이제는 입에 풀칠할 정도에 불과한 임금마저도 받지 못하고 있다. 그들은 곧 아무것도 남지 않게 되리라는 사실을 안다. 그들에게 남는 것은 단 하나, 서구 정부와 기업들이 다 망쳐 버렸다는 사실뿐이다. 엎친 데 덮친 격으로 이들은 기후 변화의 영향을 민감하게 받는 지역에 살고 있으며 많은 경우 미국의 군사적 개입 및 무역 정책의 개입을 가까이 에서 목격하고 있다.

우리는 개발도상국 중 일부가 우려스러운 방식으로 세계화에 대 응하고 있는 상황을 보고 있다. 원한다면 급진적 이슬람주의를 그저 착각에 빠진 사람들의 헛소리로 무시해 버릴 수도 있다. 하지만 서구 국가들이 개발도상국의 가혹한 조건에 급진적 트럼프주의 방식으로 대응하고 있다는 사실을 기억해야 한다. 이는 끔찍한 대응 방식이며, 결코 효과를 내지 못할 것이다.

자본주의 생산양식은 현재 제대로 작동하지 않고 있다. 자본주의 를 지금과 똑같은 방식으로 계속 유지해 나간다는 정치적 대응은 효 과가 없다. 유권자들이 이미 반대표를 던지고 있다. 세계자본주의는 마르크스가 예견했던 것처럼 재앙이 되고 있다. 우리 시대에 그 종말 이 오지 않는다 하더라도, 지금이 엄청난 위기라는 것은 분명하다.

자살하는 자본주의

한참 앞에서 이야기했던 것처럼, 마르크스주의는 상당 부분이 자본주의의 작동 방식을 이해하고자 하는 불굴의 노력으로 이루어져 있다. 사회주의의 틀을 통해 우리는 자본주의가 위기에 처할 때마다 그 문제점을 진단하고, 새로운 합㊀을 만들어 낼 수 있다. 그리고 바로 이것이 나를 비롯한 마르크스주의자들이 뒤늦게 마르크스를 꺼내들고 "이렇게 될 거라고 마르크스가 경고했었잖아!"라고 소리 지르는 모습을 당신이 목격하게 된 이유다.

실제로 그는 경고했었다. 개발도상국에서 만들어져 선진국에서 판매되는 티셔츠나 아이폰을 생각하면 마르크스가 자본주의의 자기 파괴적 경향을 정말 제대로 짚었다는 확신을 갖게 된다. 우리 대부분을 디트로이트나 다르푸르* 사람들처럼 몰락시키지 않으면서 자본주의가 계속 발전할 수 있을까?

포드주의는 디트로이트의 노동자들에게 저렴한 자동차와 그 차들을 살 수 있는 임금, 그리고 궁극적으로 우리에게 테크노를 선사해 준 풍부한 음악 문화를 창조할 시간을 제공했다. 대공황으로 이어질 만큼 집중적인 축적의 시대였던 그 시절로 돌아갈 수는 없다. (자본주의 지지자들에게 마이크를 주면 "뭐 대공황이라고? 무슨 소리. 그건 자본주의의 실패가 아니라 소수의 썩은 사과 때문이었다고!"라고 할 것이다.) 오늘날 우리에게는 새롭고 낯선 포스트 포드주의가 주어져 있다. 즉 현재

● 수단 서쪽 지역인 다르푸르는 가뭄과 사막화, 인구 폭발로 인해 매우 열악한 상황에 놓인 지역이다. 이러한 장기적 요인과 인종, 종교, 경제 문제가 얽혀 2003년부터 2010년까지 큰 분쟁이 있었다.

저임금 지식 노동에 종사하고 있는 나는, 더 이상 내가 만든 티셔츠를 구매하는 것이 아니라 다른 불쌍한 누군가의 노동으로 생산된 티셔츠를 산다.

이쯤 해서 역사적 유물론자는 이 불쌍한 바보들에게 집착하지 않는다는 사실을 상기시켜야겠다. 마르크스주의자들은 나쁜 놈들을 비난하지 않는 것과 마찬가지로 불쌍한 바보들을 동정하지도 않는다. 우리는 스스로를 하나의 단일한 노동자 계층으로 여긴다. '99퍼센트'라는 호칭이 딱 적당하다고 생각한다.

이런 식의 연대는 필수적이다. 앞으로도 이에 대해 종종 이야기하게 될 것이다. 하지만 지금은 개별 노동자에 대한 동정을 자제함으로써 얻는 현실적인 성과에 대해 설명하도록 하자.

예를 들어, 안전하지 않은 노동 환경에서 일하다 시력을 잃은 어느 사랑스러운 아가씨에 대한 생각은 눈물을 부를 뿐이다. 오히려 슬픔 같은 감정에 압도되어 우리가 혁명을 생각하기 어렵게 만든다. 우리가 개인적으로 그 노동자와 아는 사이라 해도 그 자체로는 자본주의의 평화로운 자살을 유도할 방법이 없다. 자본주의는 진저리 나고 야만적인 유언을 내뱉을 기회를 얻기 전에 다른 수백만 명의 목숨을 앗아 가느라 분주할 것이다. (그 마지막 말은, 상상컨대 "내가 원했던 것은 단 하나, 전 세계가 코카콜라 한 병을 사는 것이었다" 정도가 아닐까.)

우리가 불쌍한 바보 신세가 되기까지 얼마나 남았는지 고려해야만 한다. 선진국에서의 삶도 안전을 보장해 주지는 못한다. 디트로이

트만 봐도 알 수 있지 않은가. 영국과 유럽 대륙 전체에 걸쳐 트럼프
보다 훨씬 더 트럼프다운 인물들이 당선된 나라의 쇠락해 가는 도시
를 보라. 혹은 호주에 있는 공동체들을 보라. 우리가 진실로 모든 실
업자와 불완전고용 노동자에게 스스로의 불운을 탓하라고 말할 수
있겠는가? 점점 늘어나는 빈곤층에게, 더 이상 고용을 통해 뭔가를
꾀해 볼 수조차 없는 이들에게 스스로의 힘으로 털고 일어날 수 있다
고 말하는 것은 현실성이 없다.

　자본주의 체제는 기본적으로 노동자들을 이윤에 종속시킨 상태
(시장의 조건에 따라 인종차별주의와 같은 해로운 아이디어를 되살릴 수도
마비시킬 수도 있는 예속)로 구성되어 있으나, 그 안에는 자본주의 그
자체의 종말도 포함하고 있다. 마르크스는 혁명이 일어나든 일어나
지 않든 자본주의는 종말을 맞을 것이라고 믿었다. 솔직히 말하자면,
그는 자본주의의 종말이 불러올 미래에 대해 상당히 낙관적인 견해
를 가지고 있었다. 그러나 몰락하는 자본주의가 만들어 낼 파열을 생
각하면 나는 그렇게 낙관적일 수만은 없다.

　자본주의는 종말을 맞이할 것이다! 완전히 정신 나간 소리로 들릴
지도 모르겠지만, 일주일 이상 마르크스주의자로 지내 본 사람이라
면 완전히 수긍할 것이다. 그러나 만약 여러분이 자본주의 체제하에
서 상대적으로 안락한 삶을 누려 왔다면, 여러분은 이 체제만이 유일
하게 작동 가능한 것이라고 믿고 있을지도 모르겠다. 무엇보다도 수
많은 사람들이 당신에게 자본주의가 세상에서 가장 자연스러운 체제

라고 말할 테니 말이다. 우리는 다양한 방식으로 이들에게 엿이나 먹으라고 말해 줄 것이다. 지금 당장은 당면한 위기에 집중하자.

극소수를 위한 다수의 희생

자본주의의 필연적인 위기에 대한 마르크스의 설명을 읽고 싶다면 《자본론》 제1권의 제20장부터 30장, 그리고 32장을 보면 된다. 하지만 여러분의 시간을 아끼기 위해서 여기 커닝 페이퍼를 준비했다.

자본주의자가 성공하려면 사업을 키워야 한다. 그러지 못하면 다른 사업이 그들의 사업을 통째로 먹어치울 만큼 커질 테니까 말이다. 이런 식으로 작고 약한 것들은 크고 강한 것에게 잡아먹히면서 소수의 손에 자본이 집중된다. 자본이 중앙집중화되는 것이다.

게다가 이윤 증가에 목매는 자본주의 체제하에서 평형상태의 유지와 평등은 불가능하다. 결국 국가 경제가 포드주의 시절로 돌아가기를 희망하는 건 다 쓴 튜브에 치약의 바다를 밀어 넣는 것만큼이나 불가능한 일이다. 이는 포드주의를 만들어 낸 포드사에게도 불가능하다. 아무리 애써도 회사의 성장과 노동자들의 기회가 조화롭게 공존하던 시절로 돌아갈 수는 없다. (흥미롭게도 포드사는 이러한 과거의 영광이 여전히 유지되고 있다는 식으로 홍보하고 있다.)

자본주의 경제와 기업은 전적으로 이윤 추구를 동력으로 움직인다. 자본주의는 변이 혹은 '진화'한다. 어느 쪽이든 시간이 흐르면서 자본주의는 새로운 태도와 식욕을 취한다.

마르크스가 《자본론》 제3권 제14장에서 전하고 있는 것처럼 자본주의는 이전의 다른 생산양식과 달리 특별한 수단을 통해, 즉 외국의 값싼 노동력이나 더 저렴한 원자재 또는 기타 상쇄 효과 등을 통해 경기 침체에 적응하고 살아남을 수 있다. 그러나 마르크스는 자본주의가 근본적으로 불안정한 체계일 수밖에 없음을 알고 있었다. 이것이 바로 마르크스주의의 핵심이자, 현재 전 세계의 경제체제와 세계은행, IMF 같은 금융기관들의 정책을 결정하는 고전적 사고방식과 마르크스를 차별화시키는 부분이다.

앞에서도 이야기했지만, 자본주의가 착취적이거나 비도덕적이기도 하다는 점은 일단 제쳐 두자. 마르크스 주장의 핵심은 자본주의가 시간이 지남에 따라 스스로를 고갈시키는 경향이 있다는 점이었다.

토요타는 어떻게 생산성을 높였나

계속 자동차를 가지고 이야기해 보자. 포드주의가 더 이상 수익을 내지 못하자, 기업가들은 토요타 방식을 이용하기 시작했다. 토요타주의Toyotism(진짜로 사람들이 입 밖으로 소리 내어 말하고 사용하는 단어라니까)는 생산을 매우 '유동적'으로 유지하는 방식을 말한다. 이는 소비자 수요를 예측해서 상품을 생산하는 것이 아니라, '적시생산방식just in time, JIT'을 통해 상품을 제조하고 유통하는 체계를 말한다. 즉 누군가가 상품을 구매하겠다고 약속한 후에야 노동자가 제작에 들어가는 방식이다.

이는 노동자들이 조립 라인에서 안정적인 조건으로 일하지 못하고 기업이 필요할 때만 호출된다는 의미다. 이러한 불안정한 노동 조건은 초기 디트로이트와 같은 따뜻하고 창의적인 공동체를 창출하지 못한다. 물론 그 방식이 엄청나게 빠른 일본식 생산 속도를 실현 가능하게 하기는 했을 것이다.

마르크스에 따르면, 기업이 이윤을 극대화하고자 경쟁력을 높이려면 결국 새로운 기법을 개발하는 수밖에 없다. 한때는 이것이 노동자들을 제대로 처우해 주는 것을 의미하기도 했다. 그러나 지금 이 '새로운 기법'은 노동자들이 이번 주 공과금을 낼 수 있을지 없을지도 모르는 불확실한 상태로 내모는 것을 의미한다.

당신도 이런 식으로 노동하고 있지는 않은가? 현재 나는 이런 방식으로 일한다. 나는 표면상 '자영업자'이기 때문에 오랫동안 임금이란 것을 받아 본 적이 없다. 수많은 노동자들이 이런 불안정한 방식으로 일하지만, 사용자들은 이 업무 방식이 혁신적이고 신나는 일이라고 격려한다. 산더미 같은 빚을 진 채 불확실한 통장 입금액을 실감하는 것보다 더 자극적인 일을 찾기 힘들기 때문일까?

"오, 나는 소득 불안정이라는 스릴 넘치는 삶을 끝내주는 생활의 꿀팁, 마음을 다스리는 명상 훈련, 쿤달리니 요가로 대처하고 있다네. 이 얼마나 활기찬 사람인지!"

자본주의의 새로운 기법, 임시직 선호 경제

한 가지 짚고 넘어가도록 하자. 여러분의 상사가 아무리 인격적으로 거지 같은 놈이라고 할지라도, 단순히 그들이 나쁜 놈이라서 당신을 이렇게나 불합리하게 대우하는 것은 아니라는 점 말이다. 그들은 "어떻게 하면 오늘 헬렌의 기분을 잡쳐놓을 수 있을까?" 따위를 생각할 필요도 없다. 그리고 설사 이들이 그런 생각을 한다 하더라도, 결국은 지속불가능하며 언제나 성장해야만 하는 자본주의 체제가 요구하기 때문에 그렇게 하는 것이다. 도덕을 가진 인간이 아니라 자본주의라는 시스템에 의해서 노동이 정의되는 시대에 노동에 대한 개인적 도덕률이 있을 리 없다.

토요타가 1960년대에 토요타 비즈니스 모델을 시작했을 때, 그들이 나쁜 놈들이어서 이 방식을 사용한 것은 아니었다. 포드가 20세기 초반에 포드식 비즈니스 모델을 시작했을 때 그가 따뜻한 마음을 가진 사람이어서 이 방식을 사용한 것도 아니었다. 지금도 세계에서 가장 돈을 많이 벌어들이는 자동차 제조업체인 이 두 회사 모두 동일한 이유, 즉 이윤 때문에 그런 선택을 했다. 결국 자본주의의 유일한 도덕률은 이윤이다.

새로운 고용 방법은 노동자들이 결정하지 않는다. 그 방식은 여러분의 상사조차 선호하지 않을 수 있다. 당신이 아르바이트생이거나 비정규직이거나 계약직 직원이 된 이유는 상사가 당신에게 휴일을 주고 싶지 않을 만큼 당신을 싫어해서가 아니다. 자본주의라는 생산양식이 판단하기에 그 방식이 가장 수익성이 좋기 때문이다.

내가 노동력을 판매하는 잡지 등의 매체가 나를 싫어해서 개수임금* 방식으로 돈을 주는 것이 아니다. 나는 다행히도 나의 노동력이라는 상품을 구매하는 '고객'들과 우호적인 관계를 누리고 있다. 이들은 다만 현재의 생산양식이 이 방식을 요구하기 때문에 그렇게 하는 것이다. 그들은 매주 나에게 돈을 줄 때마다 고료가 너무 적어서 미안

● 노동 시간에 관계없이 생산된 산출물의 수량에 따라 치르는 임금을 말한다.

하다고 말하는 착한 사람들이다. 그러나 그들이 비즈니스를 유지하려면 나의 노동을 통해 이윤을 창출해야만 한다. 임시 노동자와 아르바이트생, 계약직 일자리가 기존의 정규직 상근 노동자 자리를 대체하는 임시직 선호 경제는 자본주의가 스스로를 유지하기 위해 개발해 낸 새로운 기법 중 하나다.

기계보다 더 저렴한 사람

마르크스가 《자본론》에서 이야기하듯(이 말을 했다는 이유로 저녁 식사 자리에서 쫓겨날 때마다 1달러씩 받았다면 내가 이렇게까지 자본주의를 싫어하지는 않았을지도 모르겠다), 이러한 새로운 기법과 함께 신기술도 개발될 것이다. 복식 수확기에서부터 불도저, 공장 로봇에 이르기까지 새로운 기계가 등장하면 노동자가 임금을 버는 방식도 바뀐다. 그리고 자본주의자가 비즈니스를 유지하는 방식도 변화한다.

3D 프린터 같은 신기술이나 노동력을 해외에서 공수하는 등의 새로운 기법은 수많은 노동자를 일자리에서 몰아낸다. 이는 또한 궁극적으로 신기술 개발을 감독하는 자본주의자까지도 파괴한다.

마르크스주의는 여기서 더 나아가 인간의 노동이 모든 가치의 원천이라고 말한다. 노동자의 임금보다 더 높은 가치를 생산하는 잉여, 또는 노동자가 노동한 시간이 가치를 창조한다. 만약 어떤 기업이 인간의 노동을 없애고 기계로 대체한다면, 당장 기업의 수익성을 유지하는 데는 도움이 될지 몰라도 시간이 지나면 이윤은 줄어들 것이다. 이해하기 쉽지 않겠지만 참고 따라와라. 우리가 마르크스의 이윤율 저하 경향을 이해할 수 있다면 이를 일상적인 대화에 써먹어 섹시한 마르크스주의자들에게 깊은 인상을 남길 수 있을 것이다.

산업혁명의 시기, 지금 우리가 경험하고 있는 디지털 혁명만큼이나 치열했을 시기에 마르크스는 자본주의를 받아들인 국가에서 한동안은 새로운 산업과 새로운 일자리를 창출할 가능성이 있다고 보았다. 그러나 인간의 노동을 기계로 대체하는 것이 언제나 이득이 되는 것은 아니라고도 말했다. 때로는 미국에서 발명된 돌 깨는 기계를 사용하는 것보다 영국 노동자를 착취하는 편이 돈이 더 적게 드는 모습을 목격했기 때문이다. 그러나 그는 결국 혁신의 속도가 너무 빨라져서 더 이상 다수의 인간 노동력이 필요하지 않게 될 것이라고 주장했다.

기업이 혁신을 통해 다른 이보다 유리한 고지를 점하는 데 성공함에 따라 아주 소수의 매우 부유한 자본주의자들이 등장하기 마련이다. 그러나 심지어는 이들조차도 종국에는 스스로의 혁신에 의해 밀려나게 될 것이다. 어느 성공적인 사업가가 더 이상 인간의 노동력을 필요로 하지 않는 사업을 운영하고 있으며, 이것이 다른 경쟁자들에게 이기기 위해 반드시 취해야 하는 방향이라 할지라도 결국 그는 그 이상의 성장을 일궈 내지 못해 쇠락할 수밖에 없다.

나의 3달러짜리 티셔츠를 만든 노동자를 생각해 보자. 자본주의자는 이 노동자를 통해 이윤을 창출한다. 그는 매일 싼 값에 노동력을 사고, 그로부터 가치를 뽑아낸다. 노동자는 기계가 결코 할 수 없는 방법으로 그의 이윤을 늘려 준다. 기계는 단 한 번만 구매할 수 있지만 자본주의자는 노동자를 수없이 사고 그에게서 가치를 뽑아낸다. 결국 자본주의자의 성장을 가능케 해주는 것은 살아 있는 노동자의 노동력이다.

미친 소리로 들린다는 것은 나도 잘 알고 있다. '아니, 인건비를 줄이면 수익성이 더 높아지지 않나?' 하고 생각할 수도 있다. 이는 상황에 따라서 그렇기도 하고 아니기도 하다.

상당히 짜증나는 이윤율 저하 경향 개념을 살펴보기 전에 앞서 이야기한 월마트 효과를 떠올려 보자. 월마트 효과란 노동자들이 구매할 수 있도록 충분히 저렴한 가격으로 상품을 만들어야만 하는 상황을 말한다. 노동자 수가 줄어든다면 물건을 살 사람의 수도 줄어든다.

몇몇 대기업 소유주들과 투자자들은 로봇 노동의 사용으로 발생하는 문제를 새롭게 발견했다. 이 때문에 테슬라의 수장인 일론 머스크Elon Musk는 정부에서 모든 미국 시민들에게 상당액의 돈을 지급하는 '보편적 기본 소득'이라는 제도를 제안했다.

머스크 같은 타이탄*들은 많은 혁신을 이루어 왔기에 더 이상 노동자를 필요로 하지 않는다. 머스크는 매우 현명하여 노동자의 어두운

● Titan. 그리스 신화에 등장하는 거신족을 부르는 타이탄에서 따온 말. 건장하고 지혜로운, 중요한 사람을 의미한다.

미래를 이미 예측하고 있다. 그러나 그가 운영하는 사업을 유지하기 위해서는 돈이 필요하다. 과거에는 노동자들에게 임금의 형태로 제공되었던 바로 그 돈 말이다. 그래서 노동자들의 세금으로 유지되는 기관인 국가가 국민에게 돈을 줘서 결과적으로 그들이 일론 머스크 자신에게 돈을 지불할 수 있도록 해달라고 청원하고 있는 것이다.

머스크는 영리한 친구지만, 우리가 3장에서 살펴볼 '이데올로기'라는 것 때문에 이 논리에 숨어 있는 어떤 모순도 발견하지 못한다. 가령 일하지 않는 사람에게 돈을 줄 세금은 누가 낼 것인가? 일론이? 그럴 것 같지는 않다.

기계가 인건비보다 더 비싼 이유

이윤율 저하 경향이 무엇인지, 그리고 노동자를 대체한 신기술이 어떻게 이윤을 감소시키는 경향이 있는지 살펴보자.

새로운 노동력 절감 기계에 투자한 첫 번째 회사가 있다. 이 회사는 기계를 통해 인건비를 절감하여 자사의 상품을 할인된 가격으로 시장에 내놓을 수 있다.

하지만 곧이어 모든 회사들이 이 노동력 절감 기계를 사용하기 시작한다. 경쟁력을 유지하기 위해서는 그래야만 하니까. 기계를 사용해서 5달러에 셔츠 한 장을 만들 수 있다면 10달러나 주고 인간의 노동을 사용할 필요가 없다. 그러나 모든 회사들이 이 새로운 기계를 이용하면 시장의 우위는 사라진다. 첫 번째 회사가 기술 개발에 들인 투자 혜택도 결국에는 사라질 것이다.

기업은 마르크스가 가변자본이라 부른 인간의 노동력에서 더 많은 이윤을 창출한다. 시간이 지나면 기업은 도구나 기계 같은 불변자본에서는 이윤을 창출하지 못한다. 물론 불변자본인 노동력 절감 기계에 들인 투자로 기업은 한동안 이윤을 낼 것이다. 하지만 인간 노동력이라는 가변자본에 들인 투자는 더 장기간에 걸쳐 계속 이윤을 가져다 준다. 한 기업이 로봇을 이용해 값싼 드릴이나 혼합기, 섹스 로봇 등을 만들기 시작하면 곧 모든 기업들이 따라할 것이기 때문이다.

일반적으로 기업은 인건비를 줄여 이윤을 높인다. 새로운 노동력 절감 기술은 언제나 필요하다. 마르크스는 산업혁명 시대에 이 모든 과정을 지켜보았으며 자본주의자의 힘이 어떤 고대의 노예주나 중세의 봉건 영주도 갖지 못했을 정도로 커지는 시기가 올 것이라 예측했다. 단 몇 사람이 모든 자본을 소유하게 될 것이다. 새로운 기술이 인간의 노동력을 대체하면서 수많은 사람이 일자리를 잃을 것이다. 부는 집중되고, 사람들이 가진 것은 쓰레기가 될 것이다.

자본주의자의 도덕률

지구상의 가장 가난한 절반이 가진 것보다 더 많은 부를 8명이 소유하고 있다. 단 8명이. 이 새로운 노예주 계층에 당신이 들어갈 가능성은 10억 분의 1 정도다. 이 8명은 모두 노동력을 덜 필요로 하는 비즈니스를 운영하고 있거나 그러한 비즈니스에 지분을 가지고 있다. 19세기에 이미 마르크스는 이런 일이 발생할 것이라고 예측했다.

예를 들어 이 부자 명단의 다섯 번째에는 제프 베이조스Jeff Bezos가 이름을 올리고 있다. 이 친구는 지금도 아마존 창고에 노동자를 고용하고 있지만 이 골치 아픈 인간들이 저임금, 장시간 노동, 몸수색, 창고의 열기로 인한 혼절 등에 대해 불평을 늘어놓는 버릇이 있다는 점을 감안하면 그도 결국에는 이들을 로봇으로 대체할 것이다. 2016년 말, 베이조스는 실험적으로 시애틀에 아마존 고Amazon Go라는 이름의 무인 슈퍼마켓을 열었다. 스마트폰을 찍고 유령 상점에 들어간 고객들은 선반에서 직접 물건을 구매한다. 현재 서구에서 가장 많은 노동자를 고용하고 있는 소매업이여, 이제는 안녕.

이전에 포드가 그랬던 것처럼 베이조스의 도덕률은 부에 의해 형성된다. 포드가 비즈니스에 도움이 된다는 이유로 인종차별주의자 행세를 그만 두기로 했던 것과 마찬가지로, 베이조스의 도덕률 역시 180도 태세를 전환했다. 베이조스는 부자 상위 8위 안에 들어가기 전, 오바마케어•를 비롯해 정부가 개입하는 정책에는 모조리 반대하는(대부분은 부자의 부와 빈자의 죽음에 대한 정부 개입에 반대했지만),

---

● Obamacare. 민영 보험에만 의존하는 미국의 의료보험 체제를 개혁하는 법안으로, 전 국민의 건강보험 가입을 의무화하는 내용을 담고 있다.

'표현의 자유'를 옹호하는 싱크탱크인 리즌 재단[Reason Foundation]에 상당한 기부금을 내던 자유주의자였다.

그러나 전 세계 부자 중 열 손가락 안에 꼽히는 부를 축적하자, 베이조스는 한 신문사를 매입했다. 우리는 《워싱턴포스트》를 통해 흑과 백에 대한 이 억만장자의 새로운 도덕률을 볼 수 있다. 이제는 오바마가 그의 영웅이 되었다. 이 신문은 예비선거 기간 중에 버니 샌더스를 심하게 비꼬는 등 미국 대선이 끝날 때까지 힐러리 클린턴을 아낌없이 지지했다. 《워싱턴포스트》는 이후로도 계속해서 도널드 트럼프의 신임을 떨어뜨리기 위한 기사를 내보내고 있다.

트럼프는 "러시아인들"이 "선거를 해킹했다"고 거듭 주장하면서 베이조스가 세금을 더 많이 내야 한다고 주장했다. 그토록 많은 사람들이 클린턴의 전통적 자본주의에 반대표를 던졌다는 사실을 믿고 싶지 않은 이들은 이 해킹 주장에 주목한다. 과거 '표현의 자유'를 주창하던 자유주의자였던 베이조스는 위키리크스*를 공공연히 비난했으며, 그의 신문인 《워싱턴포스트》는 클린턴이 월스트리트를 대상으로 했던 연설을 출판함으로써 위키리크스의 대표인 줄리언 어산지[Julian Assange], 즉 러시아에서 흘린 정보를 기반으로 선거를 '해킹'했다고 의심되는 인물에 대한 인신공격성 보도들을 계속 쏟아 냈다.

● WikiLeaks. 익명의 제보자가 수집한 정부나 기업 등의 비리, 비윤리적 행위와 관련된 비밀문서를 공개하는 웹사이트로, 국제적 비영리단체다.

덧붙여 말하자면 베이조스 재단은 클린턴 재단에 기부금을 내왔고 클린턴이 수장인 국무부는 아마존에 직접 자금을 지원했다. 자본주의자의 도덕률은 이처럼 전적으로 이윤을 기반으로 한다. 그리고 이것이 곧 우리의 도덕률이 되는 것이다.

이 비도덕적인 이야기의 교훈은, 자본주의자의 도덕률을 알고 싶다면 그의 돈을 들여다보면 된다는 것이다. 자본주의의 필연적 몰락과 이를 지탱하는 도덕률에 대해 알고 싶다면 마르크스를 읽어라.

20년 후 누가 우버를 이용할 것인가

자본주의에 매혹된 사람이라면 시장은 언제나 방법을 찾아낸다고 (비록 시장은 단 한 번도 세상 모든 노동자를 평생 먹여 살릴 방법을 찾아낸 적이 없다고 하더라도) 이야기할 것이다. 새로운 기술과 기법이 노동자를 대체한다 하더라도 언제나 어딘가에는 더 많은 성장과 신흥 산업이 있을 것이라고 말이다.

특정 지역에서 짧은 시간 동안에는 이 말이 사실일 수도 있다고, 즉 자본주의가 스스로를 지속할 수 있을 것이라고 마르크스는 예견했다. 비록 수십 년 동안 거대한 중산층이 번영을 누렸던 미국과 호주에서조차 언제나 성별이나 피부색으로 구분되는 못 가진 자들이 존재했지만 말이다. 시장이 언제나 스스로 균형을 유지할 것이라는 견해는 오늘날 우리 앞에 펼쳐진 암울한 사실들, 즉 서구의 쇠락한 도시, 개발도상국의 대량 기아 사태, 바이오테크 부문 석박사 학위를 가지고도 우버 기사로 일하는 청년과 같은 상황을 통해 부정되어 왔다. 이러한 일들은 하루아침에 발생한 것이 아니다.

부의 불평등이 심화된 지난 40년은 자유주의 경제학자들이 말하는 시장 보정*이라 할 수 없다. 이는 수 세대에 걸친 재앙으로, 일찍이 마르크스가 그 구조에 대해 개략적으로 기술한 바 있다. 또한 《21세기 자본》이라는 베스트셀러에서 'r〉g' 공식으로 전 세계 언론의 헤드라인을 장식한 토마 피케티Thomas Piketty 같은 중도파에 가까운 경제학자들도 오늘날 그 문제에 대해 논하고 있다.

피케티는 마르크스주의자가 아니지만 그의 유명한 r〉g 공식은 알아 둘 필요가 있다. 이 공식은 자본수익률, 즉 부유한 녀석들이 더 많은 돈을 벌기 위해 사용하는 자금이나 자산의 수익률을 의미하는 r이 경제성장률을 의미하는 g보다 높다는 것을 의미한다. 보다 명료하게 말하자면, 이는 '부는 경제보다 빨리 성장한다' 또는 개인의 취향에 따라 '우버 운전하는 법을 배워라. 그리고 이 혁신적인 기업이 당신의 노동력을 자율주행 차량으로 대체하기 전까지 그래도 몇 년은 남았을 것이라 희망하라'는 뜻이다.

당신이 개인적으로 쌈박하고 안전한 삶을 누리고 있다 하더라도 죄책감을 느낄 필요는 없다. 나는 당신을 포함한 모든 사람들이 그런 물질적 안락함을 누릴 수 있기를 바란다. 어느 날 갑자기 운전이나 재봉질에 흥미를 느끼고 이에 몰두해 즐기는 경우를 제외하고 어느 누구도 그런 일에 12시간씩 매달려서는 안 된다.

● market correction. 자유주의 시장 경제체제가 불황이나 버블 경제 등의 극단적인 상황에서 벗어나 자생적으로 균형을 회복하는 현상.

마르크스주의자가 바라는 것이 바로 이런 것이다. 우리 노동자들이 만들어 낸 풍요와 기술을 모든 사람이 누리고, 안락한 침대에서 만족을 느낄 수 있는 세상 말이다. 그러나 현실적으로 전 세계 대부분의 사람들이 그 비슷한 것도 누리지 못하고 있다. 많은 사람들은 자본주의 체제하에서 이를 단 한 번도 누려 보지 못했다. 심지어 부의 자투리를 붙들고 있는 이들조차도 빠르게 사라지고 있다. 오늘날 자본주의가 창출한 풍요는 극소수에게만 허용되고 있다.

빈곤과 행복은 정의하기 나름

대량 실업과 불완전고용은 이미 현실로 나타나고 있다. 제발, 선진국에서 실업률이 이상적인 '5퍼센트' 수준을 유지하고 있다고 주장하기 전에 실업에 대한 정의가 어떻게 바뀌어 왔는지 한번 들여다보기 바란다. 호주의 중앙은행에 해당하는 오스트레일리아준비은행조차도 2016~2017년 이 통계에 다소 도움이 되지 않는 부분이 있을 수도 있다고 공개적으로 언급한 바 있다. 증거는 정책에 부합하도록 만들어진다. 그 반대 방향으로 일이 진행되는 경우는 거의 없다.

이는 세계은행의 빈곤 데이터를 봐도 마찬가지다. 이 자식들은 애플의 운영체제 업그레이드만큼이나 자주 빈곤 기준을 바꾼다. 유엔 친구들이 어느 국가의 부를 측정할 때 구매력 같은 재미없는 구닥다리 측정 기준 대신 '행복지수'라는 새로운 기준을 사용하기 시작한 데에는 뭔가 이유가 있다고 생각하지 않는가?

나는 이 인종차별주의적인 서구식 쓰레기를 처음 보고 큰 충격을 받았다. 이건 발리에서 휴가를 즐기고 돌아온 백인 히피 아재가 "저 친구들은 가진 건 별로 없을지 모르지만 아주 행복해 보이던 걸!"이라고 떠드는 것과 같다. 예이, 딸랑 3달러에 빈곤에 지친 성 노동자를 사는 걸 정당화할 수만 있다면 무슨 말을 못하겠습니까, 썩을 놈아.

우리는 물질적 필요를 가진 생물이다. 나는 깨끗한 식수를 필요로 하지 않는, 이 성 범죄자들에 대한 혐오감을 극복할 수 있을 정도로 너무나도 정신적으로 진보한 국가가 존재할 수 있다고 생각하지 않는다. 행복이라니, 망할. (주의. 성 노동자를 '판단'하지 말 것. 마르크스주의자는 성 노동도 다른 노동과 다를 바 없다고 생각한다. 다른 노동자 계층과 마찬가지로 이윤을 위해 몸과 마음을 파는 것뿐이다.)

실업률과 불완전고용 증가는 선진국에 사는 우리에게도 여러 쓰레기 같은 의미를 갖는다. 먼저, 우리도 곧 일자리를 잃고 좌절하고 굶주리게 될 것임이 명백하다. 둘째, 일자리 부족 심화는 고용주가 우위에 서게 된다는 것을 의미한다. 엥겔스의 표현을 빌리자면 '실업 상태의 예비군'이 존재하는 한 고용주들은 말도 안 되는 임금을 주고도 절박한 노동자들을 구할 수 있고 비합리적인 요구들을 더 쉽게 할 수 있다. 셋째, 이 거대한 '실업 상태의 예비군'은 결국 자본주의자들에게도 좋지 않을 것이다.

어쩌면 필연적으로 일어날 수밖에 없는 자본주의의 본질적 문제는 여러분의 일상생활에서 이미 일어나고 있는지도 모른다. 나는 돈 한 푼 없고 내 친구들도 땡전 한 푼 없는데, 내가 가지고 있지도 않은 돈을 도대체 누가 가져갈 수 있단 말인가?

기계가 생산한 상품과 서비스를 구매할 돈이 있는 사람이 줄어들면 상품과 서비스의 판매도 줄어들 수밖에 없다. 점점 더 많은 사람들이 디트로이트와 같은 환경, 예컨대 슈퍼마켓들이 문을 닫을 수밖에 없는 상황에 놓이면 결과적으로 이윤을 내는 기업도 줄어든다. 하지만 소수에 의한 부의 축적은 계속해서 심화될 것이다. 자본주의의 우월성의 증거로 여겨지는, 기술 혁신을 견인하는 동력 역시 크게 감소할 것이다.

우버가 그리는 혁신의 종착지

우리가 소유하고 행동하는 방식에 혁명적 변화가 없는 한, '하면 된다' 정신으로 무장한 자본주의자들은 그저 계속해서 자신들의 무덤을, 그리고 (자본주의가 종식을 맞이하면 우리 모두 기쁨의 춤을 출 것이라던 마르크스의 확신에도 불구하고) 우리의 무덤까지 파내려 갈 것이다.

정치인들은 자본주의가 적응할 것이라고 말한다. 우버 기사들이 클린턴 지지자로 남아 있는 한, 그들은 "우버는 너무나 혁신적이고 편리해!"라고 말할 것이다. 그러나 현재 자본주의의 미래를 보여 주는 예시라 할 수 있는 우버의 미래를 계속 외면할 수는 없다.

이 글을 쓰고 있는 현재 650억 달러의 시장가치를 가지고 있다고 평가되는 우버는 피츠버그에서 자율주행 차량을 시험적으로 운영하고 있다. 그들은 사람의 노동력 없이도 운행 가능한 차량을 운용하는 것이 미래 비즈니스 모델이라는 사실을 굳이 숨기려 하지 않는다. 그러니까 내 말은, 우버의 이사진이 일반적인 보도 자료에서 "우버 덕분에 수백만 명이 탄력적으로 근무할 수 있는 일자리를 찾을 수 있습니다!" 같은 소리를 떠들어 대는 건 사실이지만, 이들이 금융 전문지에 하는 이야기는 좀 다르다는 것이다.

실리콘밸리 벤처 자본주의자들의 부상으로 출퇴근길에 차를 함께 타는 인구는 늘어나고 있지만, 우버는 현재 이윤을 전혀 내지 못하고 있다. 하지만 이 거대한 기업이 피츠버그 외의 다른 지역에서도 자그마한 스마트 자동차를 굴리게 된다면, 그래서 더 이상 우버가 운전기사들과 이윤을 나누지 않아도 된다면 어떻게 될까? 아마 우버의 모든 일자리가 사라질 것이다.

그런가 하면 지금까지 우버는 저렴한 요금으로 경쟁자들을 모두 쓰러뜨렸다. 이제 우버는 요금을 인상할 것이다. 다시 한번 이야기하지만, 이 모든 것은 우버를 운영하는 사람이 나쁜 놈이라서가 아니다. 물론 현재 철저한 얼간이처럼 보이는 놈이 우버를 운영하고 있기는 하다. 그러나 이 모든 것은 그저 자본주의가 반드시 이윤을 추구해야만 하기 때문에 벌어진다. 자본주의는 도덕을 가진 존재가 아니라 하나의 체계다. 우리 마르크스주의자들은 자본주의가 도덕적 문제를 해결할 능력이 애초에 없음을 잘 알고 있기 때문에 자본주의에 도덕적 질문을 던지지 않는다. 차라리 석탄 덩어리에게 "너 왜 공기를 오염시키니?" 하고 묻는 게 더 나을 것이다.

나는 자율주행 차량 프로그램에 대해 여러 우버 기사들과 이야기를 나눴다. 유엔난민기구^{UNHCR} 난민캠프에서 호주로 온 사람들은 모든 것에 체념한 모습이었다. 우버에서 별 다섯 개를 받은 기사 모하메드는 놀랄 일도 아니라고 했다. 어차피 그의 삶은 한 곳에서 다른 곳으로 계속 떠도는 인생이었다는 것이다.

서구 국가 출신 사람들은 이 무인 자동차 서비스가 결코 성공하지 못할 것이라고 말한다. 이 새로운 자동차를 신뢰할 사람은 아무도 없을 것이라고 말이다. 나는 그들에게 우리 할아버지의 할아버지의 할아버지들이 포드의 모델 T[•]에 대해서도 똑같은 말을 했었다고 알려주었다. 포드의 투자자인 호러스 래컴^{Horace Rachkam}이 1903년 미시간의 유명한 금융인에게 금융 자문을 구했을 때 그가 들은 조언은 "마차는 계속 남아 있겠지만 자동차는 그저 한 때의 신기함, 유행일 뿐"이라는 것이었다.

우버의 저렴한 요금과 우버 기사들과의 우울하고 혁명적 대화를 즐기면서 나는 앞으로 20년 후 우버 서비스를 이용할 여력이 되는 사

● 1908년 등장한 포드 자동차의 모델명으로, 자동차의 대중화를 불러일으킨 역사적인 자동차 모델이다.

람은 누구일까 궁금해졌다. 우버가 미래에도 대중이 이용할 수 있는 서비스로 남아 있을 가능성은 없어 보인다. 아마도 우버 같은 곳에서 일하는 사람들이라야 우버를 이용할 수 있지 않을까.

매일 같이 우버가 세금을 내지 않을 방법을 고민하는 기업 변호사들은 무인으로 운행되는 우버를 타고 이동하면서 두 가지 일을 할 것이다. 첫째, 그들은 비즈니스 스쿨에 우버주의Uberism라는 개념을 소개할 것이다. 둘째, 그들은 본의 아니게 우리를 마르크스 주장의 종착지로 안내할 것이다. 자본주의가 너무나 엄청나게 실패한 나머지 수많은 사람의 필요를 충족시키지 못하게 되고, 그리하여 수많은 사람들이 피해를 보게 되는 미래로 말이다.

부가 너무나 철저히 소수에게 집중되어 있는 상황에서 누가 혁신에 나설까 궁금하다. 우리는 지금까지 자본주의자들이 이윤을 위해 얼마나 쉽게 도덕률을 갈아 치우는지 지켜봐 왔다. 그들이 오로지 인류애를 위해 혁신할 것이라 기대할 수는 없다. 경쟁이 혁신을 만든다. 지금은 경쟁이 거의 없다.

우버는 기술을 발전시킴으로써 우버의 이윤을 갉아먹는 노동자들을 버린다. 현재 우버는 교통 시장을 지배하고 있다. 그런데 왜 이 이상의 혁신에 돈을 들이는 수고를 하겠는가?

차량 공유 서비스를 이용하는 이 새로운 중산층은 왜 더 이상 아무도 좋은 음악을 만들지 않는지 (디트로이트를 기억하는가?) 궁금할 때만 잠시 고민할 뿐, 행복한 편리함을 즐기는 소규모 집단이 될 것이다. 그보다 훨씬 소규모인 지배계층은 힙한 티셔츠로 알아볼 수 있을 것이다. 여러분도 실리콘밸리의 부르주아지들이 반항적인 차림을 얼마나 좋아하는지 알고 있을 것이다. 이 친구들은 체 게바라*의 팬이다.

그리고 대다수의 우리, 즉 노동자들은 실업자가 될 것이다. 아마도 우리 중 30퍼센트 정도는 아직 실용적으로, 또는 수익성 있게 인간의 노동력을 대체할 수 없는 저임금 일자리에서 일하고 있을 것이다. 농업, 제조업, 교통, 건설, 소매업, 채굴 및 물류 분야의 일자리는 기계로 대체될 것이다.

여담이지만, 흥미롭게도 서구에서는 전통적으로 여성이 수행하던 일자리들이 살아남을 가능성이 높다. 그렇게 되면 어떤 일이 벌어질지 상상하기란 어렵지 않다. 저임금 보건 분야 일자리는 갑자기 여자들에게 어울리지 않는 험한 일이 될 것이다. 그리고 남성들은 자신의 가난을 설쳐 대는 여성 탓으로 돌리기 시작할 것이다. 어떤 경우든, 혁명적인 대안이 마련되지 않는다면 나의 돈은 성별에 기반한 헝거 게임*에 쓰일 것이다.

● Ché Guevara. 아르헨티나 출신의 공산주의 혁명가로, 쿠바의 게릴라 지도자였다.

▲ 수잔 콜린스의 영 어덜트 SF 소설. 지배계층이 통제를 확고히 하는 수단으로 서바이벌 게임을 이용한다는 내용을 닦고 있다.

1퍼센트의 1퍼센트에게서 우리의 것을 되찾는 법

마르크스는 이런 시나리오를 예상했다. 그는 중산층의 쇠락과 부르주아지에게 부가 집중되는 현상이 거대한 분노를 낳을 것이라고 예측했다. 한 때 부유했던 자본주의자 또는 성공한 중산층을 우리 노동자와 운명을 같이 하도록 밀어 넣는다면 무슨 일이 벌어질까? 마르크스는 노동자 계층은 항상 그 수가 증가한다고 말했다. 오늘날 우리 노동자 계층에는 과거의 엘리트, 도시민, 최근 들어 열 받은 사람들이 합류했다. 그리고 오늘에 이르러, 마르크스가 《공산당선언》에 썼던 것처럼 '모든 단단한 것은 공기 속에 녹아 사라지고, 모든 신성한 것은 더럽혀지고, 인간은 마침내 맨 정신으로 자신의 삶의 실제 조건과 다른 인간과의 관계를 마주해야만 한다.'

다시 말해 방금 깨끗한 화장실에서 쫓겨나서 짜증이 난 수많은 사람들이 우리 계층의 일부가 되고 있는 것이다. 가난해진 지 얼마 되지 않았기에 이들은 우리보다 더 빈곤을 이해하기 힘들어한다. 그들은 이 빌어먹을 상황을 때려 부수고 싶어 한다.

이 엿 같은 상황은 박살이 날 것이다. 아주 가까운 미래에 한 무리의 분노한 구 엘리트들이 가장 격렬하게, 그리고 그들의 내적 지식을 감안할 때 가장 정교하게 이 엿 같은 상황을 박살낼 가능성이 높다. 그들은 진짜 가치 있는 것이 어디에 숨겨져 있는지 알고 있다.

환영한다, 동지들이여. 우리 마르크스주의자들이 꽤 오랜 시간 이렇게 지내 왔음을 당신이 알아 주었으면 좋겠다는 희망이 있지만, 그리고 분기별 성과급 보너스를 받아 구매한 총이나 칼 같은 위협적인 무기는 치워 줄 것을 정중히 요청하는 바다. 마르크스주의자는 가능한 친절하고 안전한 방식을 선호한다. 우리는 연대하여 움직인다. 우리는 생각하면서 움직인다.

생각은 어렵다. 이는 지적으로 어려운 일이다. 인간 노동력을 착취하여 성장해 온 자본주의 기업이 인간 노동력을 대체하면서 어떻게 실패했는지 이해하기란 쉽지 않다. 이는 정서적으로도 어렵다. 나의 티셔츠를 만든 아가씨에 대해 숙고하기란 쉽지 않다. 그럼에도 불구하고 우리 모두는 반드시 생각해 보아야만 한다. 우리는 이제 인간의 결핍에서 이윤을 구하는 지속가능하지 못한 체계를 점검해야만 한다. 마르크스가 말했듯이, 우리의 집합적 자유를 향한 단 하나의 길은 세계의 모든 기계와 더불어 이 세계를 진정한 의미에서 집합적으로 소유하는 것이다.

우리는 이를 얻어 내야만 한다. 이는 언제나 그래 왔듯 우리가 취해야 할 우리의 정당한 몫이다. 이 혁신적 기계들은 우리 동지들의 노동으로 만들어진 것이다. 함께 이를 되찾자. 라나 플라자 재난에서 스러진 여성들의 생명. 우리는 그들을 되살릴 수는 없지만 그 딸들의 생명은 되찾을 수 있다. 우리는 이들 한 명 한 명에게, 그리고 모두에게 자유를 줄 수 있다.

우리는 한 배를 탔다. 돈을 위해 노동하는 우리가 여기 있다. 실업자로 지내면서 저임금 상태를 유지히는 우리가 녀기 있다. 다른 사람을 걱정하는 우리가 여기 있다. 1퍼센트의 1퍼센트의 사람들을 빼고, 우리 모두 여기에 있다. 이 '1퍼센트의 1퍼센트'라는 비율이 감이 오지 않는다면 이렇게 말해 보자. 우리의 수가 그들의 수보다 훨씬 훨씬 많다.

우리가 우리의 것을 되찾겠다고 요구하면 그들은 뭐라고 말할까? 자유는 모두의 것이자 한 사람 한 사람의 것이라는 우리의 주장에 그들은 뭐라고 반박할까? 대부분의 우리가 살고 있는, 또는 곧 마주하게 될 자본주의 쓰레기통이라는 진실 앞에 그들은 어떤 주장을 할까?

그들은 어쩌면 간단하게 "당신들의 말은 전혀 사실이 아니야"라고 부정할지도 모르겠다. 그들은 우리를 인종, 믿음, 성적 취향, 성별 등으로 분열시키려 할 수도 있다. 그들은 그렇게 할 것이다. 이러한 분열주의적 난센스에 대비하라. 우리 모두가 같은 생각은 아니라는 말로 자본의 총체적 세력의 명맥을 이어 가려 하는 그들의 시도에 대비하라.

— **제3장** —

가진 자들이
지배를 더욱 공고히 하는 방식,
그게 바로 불평등 이데올로기야!

지배 질서의 노예를 만들다

동지여, 언젠가 우리가 만나게 된다면 어색한 포옹과 사회주의식 샴페인 한 잔을 나에게 보상으로 청하시게. 까놓고 말해서 여기까지 읽었다는 것만으로도 그 정도 보상을 받을 자격은 차고 넘치니까. '역사적 유물론' 운운하는 10달러짜리 코스를 헤쳐 온 당신은 이제 자본 축적이 내재하고 있는 치명적 경향에 대해 조금이나마 알게 되었을 것이다. 그것도 직장이나 학교에서 시키지도 않았는데 말이다. 헉, 심지어 이 책을 돈 주고 사기도 했을 것 아닌가. 그 점은 미안하게 생각한다. 하지만 그대와 마찬가지로 나 역시 시장이라는 환경에 끌려 다니는 노동자다. 마르크스가 잉여가치론에서도 말했듯, '소녀들도 먹어야 산다.'

인정. 마르크스가 딱 짚어서 그렇게 이야기한 적은 없다. 그렇지만 이 기회를 빌려 다시 한번 상기시키고자 한다. 마르크스주의자들은 우리의 물질적 필요가 충족되는 방식이야말로 우리 사회가 조직되는 방식을 전체적으로 보여 준다고 생각한다. 상부구조와 토대, 관념과 물질을 기억하라. 이 모든 요소들은 서로 엉켜 있다. 비참한 삶을 낳는 원인은 나쁜 생각이나 사상만이 아니다. 오히려 진실은 그 반대에 가깝다.

그럼에도 동지여, 정말 진심으로 고맙다. 세상에는 나나 마르크스보다 훨씬 즐거운 것들이 많다는 사실을 잘 알고 있다. 이미 상당한 고통을 감내해 왔다는 사실도 절감하고 있다. 마르크스주의가 쉬운 내용은 아니다. 그렇기에 진심으로 개인의, 그리고 모두의 자유를 향한 우리의 여정이 지금부터라도 흥에 겨운 산보 같은 것이라고 말할 수 있으면 좋겠다. 하지만 지금부터 내가 여러분에게 던질 주제는 마르크스 사상 중에서도 가장 까다로운 주제의 하나이니 그렇게 말하면 거짓말이 될 것이다. 자, '이데올로기'와 인사 나누시지요.

사회를 유지하기 위한 신념 체계

높은 악명과 달리 이데올로기라는 개념은 이해하기 어렵지 않다. 실제로 꽤 간단한 개념이다. 따로 설명을 듣지 않아도 이미 이해하고 있을 거라고 흔쾌히 장담할 수 있다. 하지만 나 자신도 그랬듯, 정서적으로는 심히 부담스러울 수 있다. 마르크스의 이데올로기 사상을 받아들이기 위해서는 스스로를 뼛속부터 뜯어고쳐야 한다. 이데올로기란 정치적 무의식이다. 이를 바로잡는 치료는 고통스러울 수밖에 없다.

마르크스주의자는 이데올로기라는 단어를 일반적인 의미와는 다른 방식으로 사용한다. 오늘날 많은 사람이 이 단어를 자신들의 의식적인 신념 체계를 가리키는 데 사용한다. "나는 페미니스트 이데올로기를 가지고 있어"라고 말하는 식이다. 하지만 골수 페미니스트라고 하더라도 마르크스주의자는 절대 이런 식으로 말하지 않는다. 마르크스주의자에게 '이데올로기'는 무의식적인 신념 체계, 특히 우리 사회가 지금의 정치경제를 유지하기 위해 이용하는 신념들을 의미한다.

마르크스 이전까지 이데올로기는 개인이 인식하는 신념 체계를 의미했으며 오늘날에도 그러한 의미로 널리 사용되고 있다. 이 자리에서 용어 사용의 언어적 관점에 대해 논할 생각은 없다. 하지만 《독일 이데올로기》에서 특히 두드러지듯 마르크스와 엥겔스가 이 단어를 매우 특별한 의미로 사용했다는 점을 고려할 때, 나 역시 그와 동일한 방식으로 사용하는 편이 여러모로 더 나을 것이다. 여러분이 상트페테르부르크의 겨울 궁전을 향해 돌진하면서 "이것이 나의 이데올로기다!"라고 소리 지르는 걸 보고 다른 동지들이 비웃는 걸 원하지 않는다. 그들은 모두 어이를 잃고 박장대소할 것이다. 혹은 여러분을 자본주의자로 오인하는 더 심각한 상황이 벌어질 수도 있다.

마르크스는 자본주의가 우리 마음 속 깊숙이 자리 잡고 단단한 방어진지를 구축했다고 생각했다. 그는 바로 이것이 이데올로기라고 여겼다. 오늘날 이런 생각은 정신 나간 것처럼 보일 수 있다. 내가 무슨 생각을 하는지 내가 모른다니 도대체 무슨 소리야? 상품 교환이 나의 내면 가장 깊숙한 생각에 영향을 미친다고?

하지만 그로부터 불과 몇 십 년 후 지크문트 프로이트가 비슷한 생각을 내놓았으며, 그의 사상이 지금도 서구 사상에 강력한 영향을 주고 있다는 사실을 생각해 보자. 우리의 의식적 사고에 숨겨진 어떤 정서적인 신념 또는 욕구가 있다는 사실은 여러분도 별 거부감 없이 받아들이지 않는가.

프로이드의 초자아와 마르크스의 이데올로기

프로이드가 직접 표현한 적 없다 하더라도, 그가 주장하는 초자아 superego는 사회의 지배적인 도덕 가치를 내면화하는 우리 마음 속의 반의식적인 부분을 지칭한다. 우리는 종종 이를 의식이라고 부르며, 이것이야말로 평생 동안 단 한 번도 직접적으로 금지당한 적 없음에도 불구하고 '자위는 상스럽고 잘못된 것이다'라고 비명을 질러 대는 존재다.

어느 누구도 자위 금지 포고령을 명시적으로 발표한 적이 없는데 우리는 어떻게 이 기분 좋은 오랜 욕망을 느끼는 일이 죄악이라고 배운 것일까? 왜 이런 종류의 성적 쾌락은 사악한 행위라는 생각이 우리 머릿속에 박혀 있는 것일까? 성적 절정의 순간에 수치심을 느끼는 사람들은 현대의 서구 세계에도 많다.

어머나, 그런데 오프라 윈프리 쇼에서 자위의 '좋은 점'에 대해 최소 열서너 편의 특별 프로그램을, 그것도 최고 시청률을 기록하며 방송하지 않았던가? 그럼에도 수많은 사람들, 특히 연배가 좀 있는 사람들은 스스로를 만지작거리는 행위는 부도덕한 일이라는 생각이 뿌리

깊게 박혀 있다. 나쁜 행위가 아니라는 것이 명백한데도 말이다. 개인적으로는 45초 정도 시간을 죽이는 기분 좋은 방법이라고 생각한다.

그러나 성적 절정을 느낄 때 고통스러운 죄의식을 같이 느낀다는 사실은 이 무식한 생각이 우리 마음속에 뿌리박혀서 우리의 몸에 영향을 미치고 있음을 보여 주는 증거다. 이 고정관념은 많은 이들의 몸과 마음에 너무도 단단하게 박혀서 지배적인 성적 질서를 유지하는 기능을 했다. 남성의 씨는 후세를 만들기 위한 목적으로만 뿌려져야 하며, 여성은 쾌락에 빠져 남자나 아이가 필요 없다는 생각을 가져서는 안 된다는 사고방식 말이다.

이를 '자위는 나쁘다'라는 이데올로기라고 봐도 좋다. 마르크스가 논했던 자본주의 이데올로기는 아니지만 어쨌든 하나의 이데올로기라는 것은 같다. 이러한 자위에 관한 사실(실제로 자위가 나쁘다는 명제는 이데올로기인 동시에 사실로 취급된다)을 전파하기 위한 정교하면서도 은밀한 이데올로기적 도구도 존재해왔다. 이는 한때 사회적으로 바람직하게 여겨졌던 관계인 남편과 아내의 관계에 해로운 것, 실리콘밸리식으로 말하자면 그들을 분열시키는 것이었다.

파괴적인 이데올로기라는 점은 마찬가지지만 자위가 좋은 것이라는 주장 역시 하나의 '사실'이다. 여러분 모두 여성에게 자위는 끝내주는 것이라고 주장하는 이른바 페미니즘 글들을 본 적 있지 않은가? 이것 역시 이데올로기적인 행위다. 마르크스주의적 관점에서 보자면 이런 글도 지배계층의 이해관계에 복무하는 글이다.

이데올로기는 지배층의 전유물이다

중세의 어머니들이 딸들의 성기를 '저 아랫부분' 하는 식으로 존재하지 않는 어두운 무언가로만 지칭했을 때 이미 그것이 금지된 영역이라는 메시지를 전달한 셈이다. 오늘날 오프라 윈프리 같은 우리의 대중매체 속 어머니들은 새로운 종류의 이데올로기적 '사실'을 전파하고 있다. 지구가 평평하다고 믿었던 시절 세계의 끝에 '용들이 사는 곳!'이라는 문구를 적어 놓았던 고지도 속 미지의 세계처럼 여성의 성기가 취급되던 옛날을 비웃으면서 말이다.

과거의 어머니들은 성적 쾌락이 세계 질서에 해롭다고 말했다. 그들이 옳았다. 새로운 시대의 어머니들은 성적 쾌락이 세계 질서에 이롭다고 말한다. 그들 역시 옳다. 새로운 이데올로기, 지배적인 질서를 떠받치는 그 이데올로기는 여성들에게 자위를 권한다. 여성의 생산성에 이롭다고 말한다. 여성의 행복과 피부에 좋아! 여성을 기분 좋게 만들어 준다고. 기분 좋은 것보다 중요한 게 어디 있어?

음, 오프라 씨, 질문 감사합니다. 제 생각에는 말이죠, 때로는 분노하는 것이 더 좋은 것 같아요. 어쨌든 이러한 분노는 자본주의를 때려 부수는 데 도움이 될 수 있거든요.

최근 몇 년 간 자위에 관한 너무나도 많은 지침들을 읽고 보아 온 덕분에 정작 나는 이를 상당 부분 포기했다. 나만의 신체적 욕망을 집안일을 더 잘한다거나 기타 생산적이며 즐거운 여성의 일이라는 서비스에 쑤셔 넣고 싶지 않기 때문이다. 나는 내 성기에 이데올로기가 침입하는 것에 분개한다. 지배적 질서를 교란시키지 않기 위해 자위를 삼가거나 즐기라는 말은 결국 같은 말이다.

한동안 나는 여성의 욕망 표출을 허용하는 것을 넘어서 여성 모두가 더 많이 자위를 하도록 적극적으로, 그리고 억압적으로 시도하는 작금의 시대를 프로이드가 본다면 무슨 생각을 할지 궁금했다. 프로이드였다면 무슨 말을 했을까? 프로이드식 마르크스주의자인 테오도어 아도르노Theodor Adorno가 정답에 가까운 답을 준다. 그는 우리의 시대를 '전도된 정신분석'의 시대라고 불렀다. 이 표현은 마르크스가 '이데올로기'라는 용어를 사용하면서 표현하고자 했던 것의 본질을 이해하는 데 도움을 준다.

이데올로기는 신비화이지만, 그렇다고 꼭 거짓인 것은 아니다. 이데올로기는 그 안에 지배적 질서에 관한 진실을 숨기고 있다. 여성의 자위를 두고 말하자면, 그 안에 숨겨진 진실은 '누군가는 자위를 할 수 있다'는 사실이다. 이러한 진실의 신비화는 결국 자위가 나쁘거나 좋은 것이라는 식으로 만들어져 왔다.

아도르노, 루이 알튀세르Louis Althusser, 그리고 돌연변이 꼬마 슬라보이 지제크Slavoj Žižek를 비롯한 많은 마르크스주의자들이 의식과 존재 사이의 진실에 도달하기 위한 과정에서 정신분석 연구를 결합해 왔다. 정신분석은 인간, 또는 전체 인구를 분석하며 의식적인 존재인 우리가 스스로의 존재를 신비화하는 방법을 설명할 언어를 찾는다. 단어의 결합, 꿈, 말실수에 주목하는 등의 기법을 통해서 우리가 억압해 온 것에 도달할 암호를 찾고자 한다.

내면 깊숙이 '자위는 나쁜 것'이라는 메시지를 심는 것과 마찬가지로 '자위는 좋은 것'이라는 메시지도 심을 수 있다. 프로이드 자신도 훗날 여성들이 TV쇼에 나와서 자위 후의 흥분감을 갈망하는 열정적인 여성들 이야기를 쉬지 않고 떠들어 대는 시대가 오리라고는 상상도 못했을 것이다. 이데올로기의 신비화 작업은 계속 이어져서 같은 자위라는 행위를 두고도 과거와는 정반대의 메시지를 가지고 우리의 바지 속으로 들어온다.

그런 고로 오프라는 '전도된 정신분석'으로 나의 취미생활 중 하나를 망쳐버린 셈이다. 오프라의 메시지는 거짓된 개방성이다. 오프라는 모든 것에 열려 있다고 말하지만, 그 과정에서 여전히 하나의 금기를 이야기하고 있다. '자위를 하지 않는다면, 뭔가 문제가 있는 것이다'라는 금기를.

이데올로기란 바로 이런 것이다. 이데올로기의 메시지를 전달하는 방식은 달라질 수 있다. 어떤 것이 우리를 지배 질서의 노예로 만든다는 사실을 깨달을 때 비로소 우리는 이것이 이데올로기임을 알 수 있다.

편협한 신념이 지배 구조를 강화한다

과거 자위가 달리 통제되었던 방식에 대해 생각해 보자. 소녀들에게 '저 아랫부분'에는 용이 산다고 가르치거나 소년들에게 눈이 멀지도 모른다고 이야기하는 등 자위를 통제하기 위해 사용되었던 이데올로기적 방식에 대해서는 앞서 이야기했다. 빅토리아 시대 자위 금지 방법들에 대한 기록을 통해 중세시대 자위를 즐기던 이들에게 이데올로기라는 부드러운 통제 방식이 통하지 않을 때 무슨 일이 벌어졌는지 알 수 있다. 어린 소년들은 밤에 성기에 자위 금지 도구를 착용해야 했으며 수준 높은 교육을 받은 의사 등 전문 계층의 성인 남성들은 의학적으로 처방된 안전장치를 착용했다고 한다. 영국 런던에 있는 빅토리아 앤드 앨버트 박물관에 가면 이러한 고문 도구들을 직접 볼 수 있다.

물론 이러한 도구들이 이데올로기의 영감으로 만들어진 것이기는 하다. 하지만 내 배 아래에 씌운 금속 장치를 순수한 이데올로기라 부를 수는 없지 않은가. 이것은 신비화가 아니다. 신비화라는 통제가 작동하지 않을 때, 이 같은 심각한 물리적 억압 장치들이 등장한다.

이데올로기, 보이지 않는 쇠사슬

한 때 미국에서는 노동력을 탈취하기 위해 흑인들을, 그리고 호주에서는 땅을 빼앗기 위해 원래부터 그 땅에서 살아왔던 원주민들을 쇠사슬에 묶었다. 자유주의가 이러한 제약들을 제거하기는 했지만, 이데올로기의 보이지 않는 굴레가 이를 대신하면서 한동안 자유라는 환상을 유지하는 기능을 했다.

호주 원주민들은 결코 자신의 땅을 돌려받지 못했으며 미국에서 흑인은 여전히 가장 값싼 노동력이라는 사실을 기억하라. 인종차별적 이데올로기는 통제 수단으로서 기능을 잃었고, 그 결과 우리는 또다시 미국 경찰에 의해 수감되고 살해되는 흑인들과 국가 통제 프로그램의 피해자가 되고 있는 호주 원주민들을 목격하고 있다. 알튀세르가 '국가 이데올로기 도구'라고 불렀던 군대나 감시 기법과 같은 물리적 통제는 흑인들이 피해자로 내몰리고 있다는 (너무나도 중대한 진실인) 사실을 지적할 때마다 흑인들이 '피해자인 척' 행세하고 있다는 식의, 놀라우리만치 통상적이며 기괴한 주장 같은 유연한 형태의 이데올로기적 통제와 결합된다.

솔직하게 이야기하자면, 모든 마르크스주의자가 이데올로기에 대한 이러한 설명을 전적으로 지지하지는 않는다. 마르크스에 대해 조금이라도 공부했다면 이데올로기는 그가 더 젊었을 시절에만 심취했던 주제였음을 알고 있을 것이다. 더 나아가 이 책의 한 장 전체를 이데올로기에 대해 쓰겠다고 한 나의 결정을 온당하지 않게 여기는 사람들도 있을 것이다.

마르크스의 후기 저작이자 가장 중요한 저작으로 꼽히는 《자본론》은 이데올로기라는 개념을 버리고 이를 방글라데시에서 생산된, 많은 비밀을 간직한 3달러짜리 티셔츠 같은 신비화된 상품의 본질이라는 개념으로 대체했다. 누가 이 티셔츠를 만들었을까? 그 사람은 아직 살아 있을까? 누가 이것을 포장했으며 면화는 누구의 소유였을까? 다른 이들은 아무것도 가진 것이 없는데 왜 그들만 그렇게 많은 면화를 가지고 있는 것일까? 이러한 질문들은 셔츠 한 장이 우리에게 주는, 그러나 우리가 거의 묻지 않는 질문의 일부일 뿐이다. 만약 이 한 장의 티셔츠가 만들어지는 방식에 우리가 처음부터 끝까지 관여한다면 이윤 체계가 흔들리기 시작할 것이다.

그러나 이는 늙은 마르크스가 제시한 가장 어려운 개념을 정통으로 마주하는 빌어먹을 결과가 된다. 노년의 마르크스는 노동에 의해 창출된 상품이 어떻게 우리 자신, 다른 이들, 그리고 우리 세계와 우리의 관계를 무디게 만드는지 설명한다. 존재와 의식 사이의 공간은 우리가 살 수 있는 물건, 생존을 위해 우리 대부분이 사야만 하는 물건들에 의해 신비화된다. 솔직히 《자본론》 제1부 제1장 제4절은 정말 사람 미치게 만드는 내용이다. 읽고 또 읽어도 이성적으로든 감성적으로든 그저 혼란스러울 뿐이다. 지금은 정서적으로만 그대를 혼란스럽게 하겠다고 약속했기에 그 잔인한 맹세만을 지킬 생각이다.

타인을 대하는 태도에서 오는 '느낌적인 느낌'

프로이드의 초자아 개념과 마찬가지로 이데올로기는 지금도 사물을 이해하는 아주 유용한 방법이다. 만약 학문적으로 탐구하는 마르크스주의자라면 상대적으로 단순한 이 정치적 무의식에 대한 연구를 버리고 보다 복잡한 주제를 선택할지도 모르겠다. 하지만 설령 그렇다 하더라도 인간은 너무나 철저하게 자본주의에 기만당할 수 있다든가, 혹은 일정한 노력과 경험을 통해 젊은 밀레니얼 세대가 '깊은 빡침으로 얻은 깨달음woke'이라고 부르는, 또는 우리 같은 구세대 마르크스주의자들이 '계급의식'이라고 부르는 상태가 될 수 있다는 신념만은 유지할 것이다.

생산 수단을 확보하고 생산 방식을 변화시킨 후, 머리 아프게 고민할 필요는 없지만 나름대로 의미 있는 활동(정원을 가꿀 때 필요한 음력 개념에 관한 글을 쓰거나 자위를 하는 등)으로 충만한 자유 시간을 누릴 수 있으려면 그 전에 우리가 속한 계급을 인식해야만 한다. 모두를 위한 정치경제 변혁을 꾀하려면 모든 마르크스주의자들이 그 정치경제 체계 안에서 자신이 어느 자리에 있는지 파악하고 있어야 한다.

당신이 진보적인 사람이라면 내적 정치 검열 과정이라는 개념이 생소하지 않을 것이다. 자신 안에 인종차별적, 성차별적, 또는 동성애 혐오적인 생각들이 자리 잡고 있었음을 깨달았을 수도 있다. 이러한 편견을 매우 훌륭하게 극복해 내고 갈색 피부의 사람은 '영적'이며, 여성은 '보살핌에 강하'고, 동성애자는 '굉장히 재미있다'고 생각하지 않도록 경계해 왔을 것이다. 아무리 긍정적인 내용을 담고 있더라도 편협한 신념은 다른 이들의 행동을 강화시키기 때문이다. 도대체 어떤 멍청이가 그런 걸 원한단 말인가?

이런 형태의 편협한 신념은 모두 '이데올로기적'이다. 다시 말해서 이런 것들을 그냥 내버려 두면 너무나도 효과적으로 지배 세력의 구조를 강화시키는 기능을 한다. 이러한 이데올로기적 경험은 개인적이고 무의식적이다. 그러나 대다수의 백인이 갈색 피부를 가진 사람은 '매우 영적'이고 어떤 식으로든 선조인 아메리카 원주민과 관련이 있다고 생각하는 것처럼, 그 효과는 집합적이다.

또한 무의식적으로 이러한 이데올로기를 적용당하는 사람들에게 그 효과는 의식적으로 경험된다. 당신이 누군가의 무의식적인 편협한 신념의 대상이 된다면, 말로 설명하기는 어렵다 하더라도 그 사실을 민감하게 느낄 것이다.

당신이 트랜스젠더이고 시스젠더*와 대화를 나누고 있다고 가정해 보자. 그런데 그 사람의 언어나 제스처로 미루어 볼 때, 그 사람이 당신을 트랜스젠더가 아니라 그저 성 정체성의 혼란을 겪고 있는 사람으로 생각하고 있음을 느꼈다면 어떻겠는가. 그의 시각은 그 사람이 당신을 대하는 태도에 전적으로 영향을 미친다. 심지어 당신이 성

● cisgender. 트랜스젠더와 반대되는 개념으로, 생물학적 성과 심리적 성 정체성이 일치하는 사람을 말한다.

별이나 성 정체성과 관련된 어떤 이야기도 하지 않는다 하더라도 (당신이 트랜스젠더라서 혼란을 겪고 있어서가 아니라 당신은 다른 사람들보다 이 문제에 대해 훨씬 더 많이 생각해 왔기 때문에) 그들은 여전히 당신이 혼란을 겪고 있다고 생각한다. 그런 사람들은 성별에 관한 이야기를 할 때면 당신 앞에서 머뭇거리거나 조심스럽게 굴 것이다. 어쩌면 이성적인 성인이 성전환을 할 리가 없다고 생각해서 당신을 어린아이처럼 대할 수도 있다. 그들이 당신의 성기에 대해 무례한 질문을 하거나 당신을 괴물이라고 부르지는 않겠지만, 당신에게는 그들의 숨겨진 전제가 아주 적나라하게 보일 것이다. 이는 느낌으로만 알 수 있다. 그래서 문제를 제기하거나 다른 사람에게 지적하기가 매우 난감하다.

KKK보다 온건주의자가 더 두려운 이유

마틴 루서 킹이 1963년 수감 중에 동료 흑인 성직자들에게 보낸 서한 중 내가 아주 좋아하는 글이 있다. 〈버밍엄 감옥에서 보낸 서한Letter from a Birmingham Jail〉에서 그는 이데올로기의 좌절에 대해 묘사했다.

> 지난 몇 년 동안 백인 온건주의자들에게 심히 실망했음을 고백해야겠습니다. 자유를 위한 우리 흑인들의 발걸음을 막는 가장

큰 걸림돌이 백인우월주의 집단 KKK*가 아니라 정의보다는 '질서'에 헌신하는 백인 온건주의자들이라는 유감스러운 결론에 도달하기 직전까지 갔었습니다. 이들은 항상 이야기하죠. "당신들이 추구하는 목표에는 동의하지만 당신들의 방식에는 동의할 수 없다." 그들은 자신들이 다른 사람의 자유를 위한 시간표를 지정할 수 있다는 온정주의적인 믿음을 가지고 있습니다. 그들은 시간에 대한 신화적인 믿음 속에 살면서 끊임없이 우리 흑인들에게 '더 유리한 때'가 올 때까지 기다리라고 충고합니다. 선의를 가진 사람들의 얄팍한 이해가 악의를 가진 이들의 절대적 오해보다 더 절망적입니다. 미적지근한 수용은 노골적인 거부보다 훨씬 당혹스럽습니다.

이 당시 킹이 교도소에서 매우 가혹한 대우를 받았으며 자신의 불가분적 기본권을 주장했다는 이유로 구속되었다는 사실을 짚어 볼 필요가 있다. 이렇게 저열한 KKK 스타일의 온갖 잔혹 행위를 당하는 중에도 그는 꼭 필요한 말을 찾아서 전달할 수 있었다. 킹은 가장 파괴적인 권력은 쉽게 식별할 수 없다고 말했다.

물질적 억압 장치나 무기가 당신을 파괴할 수 있다. 경찰이 당신을

● Ku Klux Klanner. 백인우월주의, 인종차별, 기독교 근본주의, 동성애 반대 등을 표방하는 미국의 극우 비밀 결사 단체다.

때려눕힐 수도 있다. 그러나 심지어 마르크스주의자에게도 물질적 현실이 아니라 관념, 즉 사람들의 사상이 가장 잔인할 수 있다. 나는 여기에서 다시 한번, 마르크스주의적 시각에서 보면 생각과 존재, 또는 상부구조와 토대 사이에는 일반적으로 생각하는 것보다 더 많은 연관성이 있음을 강조하고자 한다.

종종 '순진한 관대함'으로 표현되는 이데올로기는 특별한 좌절을 동반한다. 물론 철저한 증오에 맞서기란 힘들다. 하지만 때로 나는 자주 듣곤 하는, 보다 더 이데올로기적인 표현인 '무신경'하다는 말보다 '미친 뚱땡이 빨갱이 창녀'로 불리는 것(종종 내가 온라인상에서 듣는 소리다)이 더 견디기 쉬운 게 아닐까 생각하곤 한다.

무신경하다는 말은 심히 성차별적이고 자본주의적인 발언이다. 또한 일반적으로 경제나 사회를 주제로 한 이야기는 여성적이지 않다고 여겨진다. 나에게는 이것이 전도된 정신분석처럼 느껴진다. 어찌 감히 이데올로기적인, 고작 반쪽짜리 진실로 나를 속여 이용하려든단 말인가. 여자는 모든 사람이 겪고 있는 고통에 대해 이야기하기보다 여성으로서 겪는 어려움에 대해서만 이야기해야 한다고 어찌 감히 요구한단 말인가.

선의를 가진 사람들의 얄팍한 이해는 악의를 가진 사람들의 절대적 오해보다 더 절망적이다. 백인들에게 해줄 만한 멋진 말이지 않은가? 당신이 백인이고, 어느 오후 온라인상에서 부끄러운 줄 모르는 뻔뻔한 인종차별주의자에게 창피를 주고픈 충동을 느끼는 순간이 온다면, 다른 이에게 자유를 줄 적정한 시기를 자신이 정할 수 있다고 생각하는 백인 온건주의자가 인종차별주의자보다 더 가공스러운 적일 수도 있다는 것을 기억하라.

나 하나가 사회를 바꿀 수 있다는 A급 헛소리

검은 피부나 갈색 피부를 가진 사람을 즉각적으로 폄하하기 위해 백인들이 내뱉는 결정적인 한 마디가 있다. 나는 내가 그 말을 듣게 되면 바로 반응할 가능성이 높다는 점도 잘 알고 있다. 그럼에도 마르크스주의자로서, 나는 이 행동의 상대적인 무용성에 대해서도 알고 있다. 나는 용감하지도, 유용하지도 않다. 특히 내가 이런 끔찍한 모욕을 참아 낸 사람에게 직접 대응할 기회도 주기 전에 항의에 나섰다면 더욱 그렇다. 솔직히 말하면 이 경우 나의 항의는 나 자신에게만 명분이 있다. '오, 너는 정말 자애로운 사람이구나. 갈색 피부의 사람을 도와서 세상을 구하고 있구나!'

이것이 이데올로기다. 나 하나의 행동으로 중대한 역사적 변화를 성취할 수 있다는 믿음은 A급 자유주의 헛소리다. 이러한 분노 표출 문화* 역시 이데올로기적이다.

● Call-out culture. 인종차별주의, 성차별주의, 동성애 혐오와 같은 혐오 인식을 공개적으로 비난하는 사회적 현상을 가리킨다.

분노 표출 문화는 이데올로기의 신화화 이면에 숨겨진 '사실'을 알아차리는 마르크스주의자들에게 매우 유용하다. 우리는 동지에 대한 선한 믿음으로 이러한 행동에 나설 수도 있다. 그러나 마르크스주의자들은 문제를 명확하게 드러내는 행위가 그 자체로 중요하다고는 생각하지 않는다. 우리는 절대 개개인이 역사를 바꿀 힘이 있다고 생각하지 않는다.

마르크스주의자는 언제 어디에서 이 신화화의 베일을 벗겨서 모두에게 진짜 문제를 인식시킬지 고민한다. 역사적으로 화석처럼 굳건하게 버티고 있던 베일을 벗겨 내는 식으로 사회정의에 헌신한 이들이 많다. 신화화에 대한 진실이 이미 밝혀져서 널리 알려졌을 경우, 이를 재차 공격하는 것은 별 의미가 없다. 개인의 영적 체험을 중시하는 오순절 교회파 사람들에게 "여성의 자위는 멋진 거야. 사실은 나 지금 자위하고 있어!"라고 소리친다면 그저 또 다른 이데올로기를 지지하고 있는 것일 뿐이다. 솔직히 말해서 한 사람의 마르크스주의자로서 나는 오프라에게 더 고함을 치고 싶은 충동을 느낀다. 그녀가 다음에 또 자위가 여성을 더 나은 일벌로 만들어 준다는 소리를 떠든다면 진짜 그럴지도 모르겠다.

하지만 나의 이런 행동은 이미 사장된 사고방식을 되살리는 꼴이 될 것이다. 너무나 오래되어 이미 사망 선고를 받은 이데올로기에 새 생명을 불어넣는 것일 뿐만 아니라, 나를 낮 시간에 방영하는 자기계발 TV쇼에 집착하는 부류의 사람으로 보이게 할 것이다.

나는 마일로 이아노풀로스*에 반대하는 행동을 고민하는 모든 이들에게도 비슷한 조언을 하고 싶다. 친절한 마틴 루서 킹이라면 온건한 인종차별주의자보다는 낫다고 했을 법한 이 노골적 인종차별주의자는 그가 '나약한 보수주의자'라 부르는 백인 온건주의자들에게 욕을 얻어먹을 때마다 더 부유해지고 영향력이 강해진다.

이아노풀로스는 이 시대의 물질적 조건 덕분에 SNS에 똥 같은 소리만 올려대는 찌질이에서 일약 스타로 변신하게 된 면이 크다. 마일로 같은 사람이 사라졌으면 좋겠는가? 물론 나도 그렇다. 하지만 우리가 함께 만들어 나갈 세상은 엽기 게스트라는 명목으로도 마일로 같은 인간을 초대하지 않는 세상이다. 그런 얼간이들은 경제 침체기에만 중요한 인물로 부상할 수 있다. 그러니 동지여, 무엇을 더 기다리는가? 함께 일어나서 생산양식을 바꾸자.

● Milo Yiannopoulos. 영국 출신의 대안 우파 논객. 여성혐오, 이슬람 혐오, 인종차별 등의 발언으로 페이스북과 트위터에서 퇴출되었다.

호주 정부는 어떻게 원주민 통제를 정당화했나

천둥벌거숭이 같은 반짝반짝 치명적인 마일로식의 증오가 있는가 하면, 보다 격식 있는 모양새를 한 이데올로기적 방식도 있다. 당연히 두 가지 모두 바람직하지 않다. 하지만 그럴싸하게 치장한, 권위 있는 기관에서 제시하는 나쁜 견해가 더 심대한 영향력을 품고 있는 것만은 사실이다.

그렇다고 노골적인 인종차별적 비방이 무시무시한 힘을 발휘하지 않는다고 말하는 것은 결코 아니다. 노골적 인종차별주의로 깊은 상처를 받은 호주 원주민 동지들이 많다. 내가 아는 어떤 눈가르▲ 친구는 어느 모텔에서 하룻밤 숙박한 후, 직원으로부터 백인 청소부가 '검은 세균'에 불필요하게 접촉할 필요가 없도록 직접 침대 시트를 벗기라는 요구를 받은 적도 있었다. 그렇게 잔인하고 추잡한 생각을 할 수 있다는 것 자체가 부끄러운 일이다.

그러나 이 눈가르 친구의 삶을 형성한 무의식적인 대중 이데올로기는 훨씬 더 잔인했다. 그는 선한 의도를 가진 친절한 정부에 의해

▲ Noongar. 호주 남서부 지역의 원주민.

친모에게서 강탈당했다. 시골 모텔 직원의 정신 나간 헛소리보다 백인 정치인들이 원주민에 대해 가지고 있는 견고한, 그리고 대개 합리적으로 들리는 사상에 맞서 싸우는 것이 훨씬 어렵다.

물론 이 얼간이의 선언은 비난받아야 마땅하다. 그리고 실제로 그 눈가르 친구는 "침대 시트 갈 필요 없어요. 당신네 싸구려 모텔이 코첼라* 화장실만큼이나 깨끗하다는 걸 너무 잘 알아서 방호복을 입고 침대에 누웠거든요"라고 받아쳤다. 하지만 정치적 계급에 대한 정중한 말로 표현된 거짓 동정심(맥주 한 잔 살 돈도 없을 정도로 가난한 원주민, 복지 제도에 의존해 살아가는 가난한 원주민, 화만 낼 뿐 자기 처지를 개선할 수 없는 가난한 원주민 등등)은 눈가르 식의 재치 있는 말로 받아치기가 쉽지 않다.

러드 총리가 보여준 눈물쇼의 파급력

인종차별주의 이데올로기에 기반한 날것 그대로의 비방은 끔찍하다. 그러나 숨겨진 이데올로기, 원주민 아이들과 땅을 훔치는 행위를 정당화하는 이데올로기는 기념비적인 규모로 정중한 폭력을 자행한다. 노던주의 수많은 원주민은 정부 정책에 의해서 슈퍼마켓에서 따

● 미국 캘리포니아주의 코첼라 밸리에서 매년 열리는 야외 록 축제로, 열악한 야외 임시화장실로 악명이 높다.

로 줄을 서야 하는 취급을 당하기도 했다. 이들의 임금은 원주민을 위한다는 명분하에 통제되었고, 그들에게는 특정한 기계에서만 작동되는 현금카드가 따로 발급되었다.

이런 모든 조치는 일상에서 정부의 분리 정책을 실감케 했다. '온정적인' 정부의 이데올로기는 그들이 우유 하나 사러 갈 때마다 매번 그들의 '검은 세균'에 대한 메시지를 전달한다. 정책의 형태로 표출된 이 이데올로기가 한 모텔 직원의 증오보다 왜 더 큰 분노를 불러일으키는지는 굳이 설명할 필요조차 없을 것이다.

인종차별주의, 트랜스젠더 혐오 등등은 고칠 수 있으며, 고쳐야만 한다. 그렇지만 이러한 개인의 고상한 행동이 마법처럼 확대될 것이라 믿어서는 안 된다. 이 모든 것이 어느 한 사람의 행동으로부터 시작되는 것도, 한 사람에게서 다른 사람에게로 전파되는 것도 아니다. 어느 개인의 순수성과 위대한 연민이 모든 사람에게, 그리하여 그 개인에게도 도움이 될 것이라고 믿는 것은 신화화에 불과하다.

원주민 역사학을 연구하는 게리 폴리Gary Foley 교수는 케빈 러드Kevin Rudd 총리가 2008년에 빼앗긴 세대에게 한 사과가 이데올로기적이라고 주장한다. 이 학자는 《멜버른 역사 저널Melbourne Historical Journal》에 기고한 글에서 이 (사과) 쇼를 통해 호주 원주민의 역사가 지배적 백인 이데올로기에 편입되었다고 평했다.

러드 총리는 원주민들에게 어떤 종류의 보상, 또는 이들의 빌어먹을 운명을 바로잡을 어떤 유의미한 물질적 계획도 보여 주지 않았다.

차기 호주 정부에서 책임져야 할 어떤 의무도 제시하지 않은 것이다. 그는 이 책을 쓰고 있는 동안에도 조용하게 계속되고 있으며 원주민들의 삶을 잔인하게 통제하고 있는 노던주 개입 정책*에 대해서는 어떠한 언급도 하지 않았다. 이보쇼, 그래도 케빈이 미안하다고 했잖아. 게리 폴리는 "미래에 이 사건은 호주 백인들이 원주민에게 얼마나 잘 대해 왔는지 알려 주는, 호주 백인들의 신화의 한 부분을 구성하게 될 것이다"라고 말했다.

러드 총리는 카메라 앞에서 흐느껴 울면서 자신이 대단한 일을 하고 있다는 생각을 했을 것이 분명하다. 설사 그가 진심으로 눈물을 흘렸다 해도 노던주 사람들은 법적 위협과 감시, 그리고 엄격한 통제 아래 놓여 있었다. 소득과 지출뿐만 아니다. 정부는 엽기적이게도 인터넷 사용까지 통제했다. 그리고 이 모든 것은 호주 원주민 남성들이 광적인 소아성애자라는 아무 근거도 없는 거짓말에 근거한 것이었다.

이 너무나도 악의적인 허위 사실은 강경 우파들이 아니라 미디어를 통해 먼저 알려졌다. 처음으로 원주민 남성들을 향해 강간범이라고 지칭한 사람은 보수 꼴통 극우주의자인 앤드류 볼트Andrew Bolt가 아니라, 인종차별 반대성향의 ABC 방송에 출연한 매력적인 자유주의

● 호주 정부가 아동 성폭력, 원주민 문제 등의 해결을 위한 비상대응책을 명분으로 2007년 내놓은 법적, 제도적 개선 정책. 실제로는 아동 성폭력 문제 해결 등에는 전혀 역할을 하지 못하고 있으며 원주민을 억압하는 기능만 하고 있다는 비판을 받고 있다.

자 토니 존스Tony Jones였다.

거침없는 논객인 볼트는 앞에서 보았던 모텔 직원 스타일의 혐오를 전혀 부끄러워하지 않는다. 스스로를 '좌파'라고 생각하는 많은 이들이 그를 공개적으로 공격한다. 하지만 볼트는 분노를 불러일으키는 쓰레기를 끄적이면서 눈물을 흘리지는 않았다. 볼트는 자기 계급의 이해관계만 빼고 모든 일에 신경 쓰는 척 하는 저급한 위선자는 아니다. 반면 러드와 존스는 이데올로기적 신화화의 힘을 이용해서 자신들이 다른 이들을 배려하고 있다고 주장한다.

멍청한 선의가 부른 대참사

비록 결과는 좋지 않을지 몰라도 러드와 존스는 선의를 가지고 있다. 그들은 스스로를 인종차별주의에 적극적으로 반대하는 사람으로 여기고 있을 것이다. 아주 확신하는데, 그들은 자신들의 행동이 인종차별적이고 철저히 자본주의의 질서를 따른다고 묘사된다는 사실을 알면 큰 충격을 받을 것이다. 그러나 이렇게 힘 있는 자들, 노던주 개입 정책에서 너무나 중요한 역할을 했던 이들이 신화화에 완전히 현혹되어 있었는지 확신하기는 어렵다. 이들은 분명 이 신화화를 해체할 만한 실마리를 반쪽이라도 가지고 있었을 것이 틀림없다.

원주민의 잃어버린 어린 시절에 대해 울부짖을 때조차도 러드 총리는 노던주에서 어떤 일이 벌어지고 있는지 알고 있었다. 경찰이 영장 없이 개인 사유지에 들어갈 수 있게 한 폭력적인 통제 프로그램을 승인한 사람이 바로 러드 총리였다. 존스는 이후에 '더 강력한 미래'라 이름 붙여진 이 이데올로기적인 정책을 낳는 데 러드 총리가 결정적 역할을 했다는 사실을 알고 있었다. 인종차별주의자를 '색소 혐오증으로 고통 받는 사람'이라고 부르는 것과 같은 식이랄까.

지금은 폐간된 원주민 문제를 다루는 잡지 《트랙커Tracker》는 2012년, 뉴스 프로그램 〈레이트라인Lateline〉 진행자인 존스가 노던주의 아동 강간 이야기를 고착화시켰다는 내용을 보도했다. 〈레이트라인〉은 8일 동안 아동 강간에 관한 꼭지를 17건이나 방송한 후에 '성노예Sexual Slavery'라는 제목의 선정적인 보도를 내놓았다. 이 내용에 따르면 무티출루 지역에서는 아동을 붙잡아서 원주민 남성들에게 넘겼으며, 그러면 이 남성들은 아이들을 휘발유에 적신 천 조각으로 진정시켰다는 것이다. 사실이라면 정말 엄청난 일이지 않은가? 그러나 이 보도는 사실에 근거한 것이 아니었다. 《트랙커》가 보도한 것처럼, 이 내용은 '처음부터 끝까지 조작'이었다.

〈레이트라인〉은 원주민들이 거주하는 구역에 들어가기 위한 공식 요청도 하지 않았으며 단순히 옛날 자료 영상만으로 보도를 만들었다. 신분을 보호하기 위해 실루엣으로만 촬영된 핵심 증인이었던 무티출루의 청소년 문제 카운슬러는 원주민정책조정사무국의 부차관보 그레고리 앤드루스Gregory Andrews로 밝혀졌다. 원주민 '조정'을 업무로 하는 상당한 영향력을 가지고 있는 사람이 일개 사회복지사 배역을 맡아서, 후에 노던주 경찰과 호주 범죄청Australian Crime Commission이 실제로는 발생한 적 없다고 확인해 준 강간 사건을 가지고 나와 눈물을 자아냈던 것이다.

그러나 이 날조 보도가 방영되고 앤드루스의 날조에 대한 수사 결과가 나오기 전에, '어린 아이들은 성스럽다Little Children Are Sacred'라는 제목의, 또는 비이데올로기적으로는 '검은 피부는 강간을 좋아해' 정도의 제목을 붙일 법한 보고서가 의뢰되었다. 급하게 여기저기에서 끌어모아 만든 이 아동 폭력에 관한 보고서는 지금은 대부분 신뢰성을 잃었지만 당시 총리였던 존 하워드John Howard에 의해 시작되어 그 후임자인 러드 총리에게까지 이어진 개입 정책의 명분이 되었다.

정중한 온건주의자들의 신화를 깨부수다

《트랙커》는 개입 정책이 논의되던 2012년 토니 존스가 진행한 TV 쇼의 내용을 분석했다. 원주민들의 지도자인 로잘리 쿠노스 몽크스 Rosalie Kunoth-Monks가 이 쇼에서 개입 정책의 주 업무는 '원주민을 개처럼 쫓는' 것이었다고 말했다. 국제앰네스티*와 다수의 교회들을 비롯한 많은 전문가들은 이 표현이 매우 적절한 평가라고 힘을 실어 주었

● 국가의 권력에 의해 억압받는 정치범들을 구제하기 위한 국제기구로, 순수 민간단체다.

다. 존스는 이에 대해 보수 정치인인 데이브 톨너^{Dave Tollner}에게 대화를 청했다. 톨너의 날것 그대로의 이데올로기가 존스의 보다 정중하게 차려입은 형태의 이데올로기와 충돌하면서 신화화가 깨지는 순간이었다. 《트랙커》는 그 대화를 이렇게 기록했다.

> "토니 씨, 몇 가지의 맥락을 살펴봅시다. 개입 정책에서 당신의 역할은 충분히 인정합니다……." 톨너가 말했다.
>
> 화가 난 기색이 역력한 존스가 끼어들었다. "개입 정책에서 내가 맡은 역할은 아무것도 없습니다. 그건 정부에서 추진한 것이었어요."
>
> "아니, 그런 게 아니라, 어쨌든 저 외딴 지역에서 벌어지는 문제의 뚜껑을 연 건 당신이 진행한 쇼였잖아요. 저는 그걸 인정한다는 말이에요." 톨너가 응수했다. "그 덕분에 '어린 아이들은 성스럽다'라는 보고서로 귀결된 핵심 조사를 이끌어 냈고 그래서 당신이 이 분야에서 갖는 의미를 인정한다는 겁니다."

톨너는 차를 마시면서 여유롭게 대화를 나누고픈 부류의 사람은 아니다. 하지만 그의 천박한 태도는 존스가 연루된 천박한 행위의 신화화를 벗겨 내는 역할을 했다.

여기에서 톨너는 마틴 루서 킹이 보다 선호하는 유형의 백인이다. 다른 인간에게 자유를 줄 시기를 자신이 결정할 수 있다는 온정적 밑음을 가지고 있는, 또는 존스처럼 원주민이 우유를 사기 위해 길게 줄을 서게 만드는 백인 온건주의자들보다는 터무니없는 보수주의자가 더 낫다. 원주민들이 개처럼 사냥당해 왔다는 진실을 바로잡는 데 수고하는 대신 방송에 나와 자신의 이데올로기를 섞어 떠들어 댐으로써 이러한 외설을 부분적으로나마 공론화시킨 (이 경우에는 허위사실이었지만) 사람에게 감사하는 편을 택하는 것이 더 낫다.

개입 정책이 오로지 정부에 의한 것이었으며 자신의 TV 프로그램은 어떤 역할도 하지 않았다는 존스의 주장은 어떤 면에서 일종의 정교한 신화화였다. 여기에서 우리는 마르크스가 물질과 관념의 결합이라고 묘사한 또 하나의 사례를 본다.

이데올로기적 얼간이에서 벗어나기

나 역시 이데올로기적인 태도를 보이기도 한다. 나는 내 자신이 계급의식을 갖춘 천사라고 주장하지 않는다. 나도 빌어먹을 신화화된 사고들을 가지고 있다. 개중에는 '쟤는 밀레니얼 세대라는 이유만으로 저 일자리를 얻은 거야'라든가, 내가 이런 말을 여러분에게 한다는 것이 믿기 어렵지만 '저 친구가 갈색 피부가 아니었다면 지금처럼 흥미로운 작가라고 주목받지 못했을 걸' 같은 생각도 있었다. 심히 연령차별적이고 인종차별적인 생각이지만, 본질적으로 자본주의에 대한 나의 믿음과 합치하는 생각이었다.

　　두 경우 모두, 나는 자신의 부족한 소득을 한탄하면서 저 쓰레기 트럼프주의자들과 마찬가지로 책임을 돌릴 만한 집단을 찾았던 것이다. 정직하게 이야기하자면 그들은 끝내주는 작가였고 지금도 그렇다. 나는 즉각 이런 생각들을 시정했고 다시는 이런 생각들을 사실인 것처럼 입 밖에 내뱉지 않을 것이다. 내가 지금 여러분에게 이 일을 털어 놓는 이유는, 내가 단 한 순간도 토니 존스보다 더 순수하지 않다는 점을 전제하기 위해서다.

　　사실 내가 더 나쁘다. 왜냐하면 나는 어떻게 이데올로기가 나를 지배해 왔는지에 대해 오랫동안 생각해 왔지만, 장담컨대 토니는 이데올로기를 다른 사람의 문제로만 생각하고 있기 때문이다. 또한 나는 이 날조된 강간 주장에서 허구의 아이들을 구하려는 시도조차 하지 않았다. 나는 그저 나 자신에게조차 입을 다문 잔인한 이데올로기적 얼간이였다.

　　그 순간 나는 지배계층의 사상에 동조한 것이다. 마르크스는 '어떤 시대이건 지배계층의 사상이 지배적인 사상이다'라고 말한다. 이 말을 다시 읽어 보라. 끝내준다. 그러니까 이 말은 '사회의 지배적인 물질적 세력이 정신적으로도 지배적인 세력'이라는 것이다.

　　마르크스주의자들의 희망은 사람들이 이를 깨닫고 스스로 이러한 지배계층의 사상에서 빠져나오는 것이다. 이러한 마르크스주의자는 친절한 케빈과 부드러운 토니에게 그들의 행위가 이데올로기적이며 인종차별적이고 자본주의적이라는 사실을 설득할 수 있으리라고는 조금도 기대하지 않는다. (앞에서 이야기했던 것처럼, 지독한 인종차별주의 국가인 미국 같은 곳에 사는 절망적인 계급의 사람들에 대한 사상은 물질적 부의 집중을 유지하는 데 매우 유용하다.) 하지만 지배계층에 의해서 이데올로기가 냉소적으로, 또는 순진하게 이용되는 방식을 까발릴 수 있는 경우도 분명히 있다.

가난한 밀레니얼에게서 부자를 보호하라

자신의 권력을 냉소적으로 은폐하는 전략은 그리 새로운 방법이 아니다. 마키아벨리에 대해 들어 본 적이 있을 것이다. 그가 16세기에 효과적인 지배에 관해 쓴 논문《군주론》은 지금도 외교관과 재계 인사에게 애독되고 있다. 구식 트럭이나 다름없는 오래된 방식이라도 겉보기에는 고상해 보이는 효과적인 전략에 한 방 먹일 수 있기 때문이다.

'군주란 그를 보고 그의 말을 듣는 모든 사람들에게 자비, 충성심, 인간미, 고결함, 그리고 신중함의 귀감으로 보여야 하며, 그러한 자질로 충만하지 않은 말은 절대 입 밖으로 흘리는 일이 없도록 주의하여야 한다.' 다시 말해 관대한 모습을 보임으로써 얻을 수 있는 것을 결코 힘으로 얻으려 해서는 안 된다. 물론 관대함을 보이는 것으로 안된다면, 그때는 그 몹쓸 놈들에게 무장한 병사들을 보내라.

《군주론》은 냉소적인 현실주의자들을 위한 안내서 같은 이데올로기적인 내용을 담고 있지는 않다. 그러므로 눈물을 흘리던 케빈 러드에게는 다소 맞지 않는다. 믿을 만한 사람에게서 그가《군주론》을 읽었으며 거기에 나온 기술 중 일부를 받아들였다는 말을 들은 적이 있기는 하지만 말이다. 러드는 자신이 사람들을 기만했음을, 즉 자신이 적극적으로 호주 원주민들의 고통을 초래하고 있다는 사실을 감추기 위해 이들의 고통에 대해 고의적으로 징징대는 모습을 보였음을 스스로도 결코 인정하려 들지 않을 것이다. 확신컨대 그는 자신의 혼란에 관해서는 마키아벨리보다 훨씬 더 솔직했다.

마키아벨리의 방법

이데올로기와 그 적용은 시대에 따라 달라진다. 이를 통해 마르크스 사상의 역사를 알 수 있다. 앞서 이야기한 것처럼, 이데올로기는 강력하고 유용한 개념이지만 오랜 시간 흠 없이 살아남을 수 있었던 역사적 유물론과는 달리 사고의 방법은 아니다. 이는 어떤 사물에 대한 설명에 더 가깝다. 전적으로 마르크스주의적인 관점에서 이데올로기의 문제점을 설명하고 해결책을 제시하기 전에, 몇 가지 다른 마르크스주의적 해석을 살펴보기로 하자.

안토니오 그람시의 문화적 헤게모니에 대한 생각은 기가 막히다. 《그람시의 옥중수고》를 읽어 보면 알 수 있다. 죄르지 루카치György Lukács의 《역사와 계급의식》은 의식화를 바라는 노동자계급을 위한 훌륭한 자기계발서로 많은 마르크스주의자에게 사랑받고 있다. 개인적으로 나는 루이 알튀세르의 《이데올로기와 이데올로기적 국가장치》가 프랑스 특유의 온갖 헛소리로 가득 차 있다고 생각하지만 이는 그저 내가 무식해서 그런 것일 수도 있다. 고전 마르크스주의자들에게 외면받기는 하지만 나에게는 슬라보이 지제크야말로 이데올로기의 개념에 대해 너무나도 귀중하고 흥미로운 관점을 보여 준 인물이다. 그의 저서 《이데올로기의 숭고한 대상》을 읽거나, 유튜브에서 '변태를 위한 이데올로기 가이드The Pervert's Guide to Ideology'라는 반쯤 정신 나간 영상을 한번 찾아 보라.

지제크는 19세기 이래 이데올로기가 더 복잡해지고 자기기만적으로 변하고 있다고 주장한다. 마르크스와 엥겔스에게 이데올로기는 노동자계급을 현혹하기 위해 의도적으로 준비된 어떤 것을 의미한다. 이 두 친구가 젊은 시절 술집에서 만나 《독일 이데올로기》를 쓸 때만 해도 식자율은 훨씬 낮았고 대중매체는 아직 존재조차 하지 않았다. 때문에 권력자들은 줄리언 어산지 같은 인물이 이를 폭로할지도 모른다는 걱정 없이 권력을 유지하는 방법을 쓴 문서들을 자기들끼리만 공유할 수 있었다.

《군주론》은 마르크스가 그토록 비판한 자유주의 시대보다 앞선다. '완전히 짓밟기 전까지는 좋은 사람인 척하라' 같은 지도자들을 위한 조언을 칸트Kant나 로크Locke, 또는 저 한심한 볼테르Voltaire에게서 구하지는 않을 것이다. 현재 우리의 자본주의 도덕률이 뿌리를 두고 있는 이러한 계몽주의 인물들은 권리와 이성에 대해서 조금 더 완곡하게 이야기했다. 말하자면 토머스 제퍼슨 식으로, '모든 사람… 그러니까 내 말은, 나와 같은 사람들을 위한 평등' 같은 소리들 말이다. 이 사상가들은 점점 더 이데올로기적으로 변했고, 새롭게 부상하는 부

르주아 계급의 지배를 공고히 하기 위해 자신들의 청사진을 신화화
하는 법을 터득하기도 했다.

그럼에도 불구하고 이들은 오늘날의 권력자들이 하는 이야기보다
는 훨씬 직설적인 경구를 전한다. '시민 정부는 사유재산의 안전을 위
해 마련된 한 실제로는 빈자에게서 부자를 보호하기 위한 제도다'와
같은 대담한 발언을 보라. 이 말은 자본주의의 할아버지인 애덤 스미
스Adam Smith가 한 말이다. 그의 저서 《국부론》은 매우 영향력이 높았
으며 마르크스가 특히 그 주장이 틀렸음을 증명하고자 열을 올렸던
바 있다.

마르크스는 스미스가 가치 이론을 구성하는 데 실패한 것을 두고
위대한 지적 순진함 자체라면서 그를 공격했지만, 스미스가 기저에
깔린 전제들을 신화화했다고 비난하지는 못했다. 우리에게는 정부
가 필요하며 정부에 일정한 세금을 내야만 정부가 빈자에게서 우리
를 보호하기 위해 필요한 것들을 구입할 수 있다는 전제들 말이다.

밀레니얼 사이에서 시들어 가는 이데올로기

현재 우리가 목도하고 있는 신자유주의 경제정책과 본질적으로
구분되지 않는, 《국부론》에 담긴 사상은 곧 지배계급의 사상이 되었
으며 지금도 그렇게 유지되고 있다. 지배계급은 이러한 사상이 자신
들에게 도움이 된다는 것을 깨달았다. 여기에는 어떠한 신화화도 없

었지만 노동자계급에게는 신화화된 이데올로기처럼 받아들여졌다.

엥겔스가 1893년에 자신의 동지에게 보낸 서한에서 썼듯이, '국가의 헌법, 법체계, 모든 독립된 영역에 있는 이데올로기적 개념이 각자 독립된 역사를 가지고 있는 것처럼 보인다는 사실이 수많은 사람을 현혹시킨다.' 일하는 서민, 즉 노동자들은 모든 이에게 기회를 약속하는 평등한 민주주의에 대한 '허위의식'이 있었다. 스미스에 따르면 지배계급은 국가와 자본주의자들이 부를 보호하기 위해 연합했다는 사실을 알고 있었다. 노동계급은 이 사실을 알지 못한 채 독립적인 근대국가에 대한 현란한 거짓말을 믿었다. 알다시피 이 근대국가는 가진 자들의 수호자인 애덤 스미스의 사상에 기반을 두고 있다.

러드 총리 같은 현대의 인물이 생각하는 방식을 이해하고자 한다면 마르크스나 엥겔스보다는 지제크가 더 유용하다. 지제크는 이데올로기가 정책과 지배계급을 위해 작동하는 이중적 방식을 이해한다. 한 마디로 지배계급은 그들 자신의 헛소리를 통해 확신을 강화해왔다. 그리고 우리 노동계급은 점점 더 확신을 잃어가고 있다.

지제크는 고전 마르크스주의 이데올로기를 '그들은 이를 알지 못하지만 이를 하고 있다'라는 식으로 구조화한다. 어떤 경우에는 이 말이 여전히 진실인 것처럼 통용된다. 한 예로 나의 노동계급 친척들은 지금도 호주에서 우리가 노력하기만 하면 성공할 수 있다고 믿고 있다. 그들은 내가 집 한 채 장만하지 못한 것이 작금의 전 사회적인 경제 문제 때문이라고는 생각하지 않는다. 그들에게 나는 그저 게으른

놈팽이일 뿐이다. 언론계에 종사하는 그들의 동년배들도 밀레니얼 세대에 대해 이와 같은 생각을 가지고 있다.

그러나 기성세대로부터 데이트앱을 통해 만난 사람과 브런치 데이트하는 것 말고는 아무것도 이룬 게 없다고 비난받는 밀레니얼 세대 노동계급은 이제 주택 상품 가격에 대해 스스로 깨우침을 얻기 시작했다. 그들은 더 이상 개인의 경제 상황에 대해 자책하지 않으며, 일부 고무적인 경우에는 구체적인 정책을 비난하는 수준까지 이르렀다. 내가 일을 통해서나 개인적으로 친분이 있는 밀레니얼 세대 중에는 다음과 같은 발언들을 쏟아 낼 만한 사람들이 다수 있다. "정부가 오랫동안 네거티브 기어링* 제도를 지지하면서 벌어지기 시작한 투자자와 비투자자 계급 간의 격차는 1999년 재무장관이 시행한 양도소득세 감면으로 인해 더 심화되었다."

이런 것이 바로 계급의식이다. 나는 여러분의 이데올로기가 시들어 가는 것을 지켜보는 것이 너무나 즐겁다.

오바마 행정부는 공정했나

한편 지배계급에서는 일종의 이데올로기적 회피 현상이 나타나고

● negative gearing. 호주의 부동산 관련 세법으로 투자 물건을 보유함으로써 발생하는 손실을 소득세 과세 금액에서 감면해 주는 세제 혜택을 말한다.

있다. 왜 젊은 친구들이 브런치나 데이트앱 같은 데 정신이 팔려 주택 마련에 힘쓰지 않는지 등에 대해 지배계급이 개소리를 지껄일 때면 항상 두 가지 일이 벌어진다. 하나는 '그들은 이것을 알지 못하지만 이것을 하고 있다'는 식의, 한때 노동계급의 영역에 속했던 과정이고, 또 하나는 지제크가 이야기하는 '그들은 이것을 알고 있지만 어쨌든 이것을 하고 있다'는 식의 논리다.

젊은 친구들, 그러니까 밀레니얼 세대는 자신들의 이데올로기에 대해 순진한 동시에 냉소적이다. 그러나 지배계급은 이를 알지 못한다. 밀레니얼 세대의 젊은이들은 지배계급이 자신들에 대해 철저히 무지하다는 사실도 알고 있다. 그럼에도 불구하고 그들은 여전히 이데올로기를 따른다.

충분히 용기가 있다면 오바마 행정부에 대해서도 이런 방식으로 생각해 볼 수 있을 것이다. 오바마 대통령 이전에 그렇게 진심 어린 연민을 그토록 잘 표현한 대통령이 또 있었던가? 경찰력은 군대화되고 감시는 만연하며 내부 고발자들에게는 가혹한 처벌이 주어지는, 그리고 언론의 자유에 대한 제약이 이토록 심각했던 자유주의 국가가 있었던가?

우리는 도널드 트럼프가 언론에 야박하다고 생각한다. 물론 트럼프는 노골적으로 언론을 조롱한다. 하지만 더 친절한 버락 오바마조차 언론의 능력을 축소시켰다. 2016년 AP 통신은 오바마 행정부가 '정보공개법에 따른 공개 청구가 들어오면 단 한 페이지도 찾지 못했다는 답변으로 시민들과 저널리스트들을 실망시킨 숫자에서 역대 최고 기록을 세웠다'고 보도했다.

버락 오바마가 미국에 비공식적으로 거주하는 사람들을 조금 더 친절한 언어로 묘사했을지는 모르지만 (그들을 '불법'이라 부르지 않고 '미등록'이라 부르는 등) 오바마는 역대 다른 어떤 대통령보다 더 많은 수의 사람들을 추방했다. 어림잡아 300만 명에 이르는 사람들이 추방되었으며 《인디펜던트》는 오바마가 '20세기 역대 대통령들이 쫓아낸 미등록 이주자들의 수를 모두 합한 것보다 더 많은 미등록 이주자들을 쫓아냈다'고 주장하기도 했다. 이후 도널드 트럼프가 미등록 이주자들을 효율적으로 추방하는 데 사용한 인프라는 이 시기 오바마가 만들어 둔 것이다. 결국 오바마가 친절한 태도를 보였다는 이유만으로 우리 모두는 마침내 진심으로 공감할 줄 아는 대통령이 나타났다고 기뻐하고 있었던 것이다.

오바마를 '26,171기의 폭탄을 투하하고, 부시 행정부 시절에 비해 130퍼센트나 증가한 138개국에 군대를 주둔시키며 대통령 임기의 마지막 해를 마무리한 사람'이라고 평가한 《가디언》의 기사는 환영받지 못했다. 자유주의 이데올로그*들은 오바마에 대한 부정적인 내용은 읽고 싶어 하지 않는다.

● 이데올로기를 주창하는 이들을 말한다. 특히 관념론적 입장을 견지하는 이들을 부르는 호칭이기도 하다.

오바마의 백악관도 부자의 편이었다

오바마는 아주 연민 어린 마지막을 장식하는 데 열중했다. 대통령 임기가 끝나가는 마지막 며칠간, 그는 러시아가 2016년 선거를 '해킹'했다는 일부 정보부 인사들의 의심을 기반으로 러시아 국경에 4,000명의 미군을 주둔시켰다. 이들의 주장에 따르면 러시아는 위키리크스 자료와 힐러리 클린턴 선거 캠프 사람들이 가지고 있던 이메일을 제공함으로써 미국 선거를 해킹했다고 한다.

포데스타^{Podesta} 파일이라 불리는 이 자료들을 읽어 보면, 오바마 대통령이 내각 인사를 임명할 때 시티그룹 경영진의 조언을 기꺼이 수용했다는 사실을 알 수 있을 것이다. 또한 엄청나게 부유한 골드만삭스 경영진을 상대로 한 강연에서 힐러리 클린턴이 일반 국민들은 대규모 부의 축적과 같은 복잡한 일들을 이해할 능력이 없으므로 엘리트 집단에만 은밀하게 할 이야기가 따로 있다고 한 사실을 알게 될 것이다.

불편함을 감수할 생각이 있다면 이 포데스타 이메일을 일부라도 읽어 보라. 이 이메일은 냉소적인 동시에 순진하다. 시티그룹이 오바마에게 읽어 보라고 보낸 문서의 내용은 경이로울 정도다. 이 문서는 시티그룹의 이익을 위해 일할 인물들의 이름들을 명확하게 제시하면서 너무나도 세련된 방식으로 일을 처리한다. 이 목록은 심지어 대통령이 내릴 수 있는 여러 선택지를 담고 있으며, 대통령이 어떤 인물을 인선해야 '다양성'이라는 요건을 충족시킬 수 있을 것인지 보여 주는 기

호까지 표시되어 있다. 따라서 설사 오바마를 비롯해 오바마가 직접 미국 무역대표부 대표로 임명한 마이클 프로먼^{Michael Froman}이 엄청난 금융 공모에 가담했을지라도, 모든 소수집단에 평등한 인사를 한다는 원칙은 확실하게 지킨 셈이 되는 것이다. 최소한 월스트리트에서 괜찮은 직장을 가진 모든 소수 인종에게는 평등하다는 원칙 말이다.

이야말로 충격적인 일이다, 그렇지 않은가? 오바마는 돈 많은 사람의 제안을 받아들이고 나중에 그에게 안락하고 영향력 있는 정부 요직을 선사했다. 언론은 이 사실을 거의 보도하지 않았다. 언론은 클린턴의 당선 가능성에 피해를 줄 만한 것은 무엇이든 비윤리적이라고 생각했다. 그들은 자신들이 무슨 짓을 하고 있는지 알고 있었지만 한편으로는 제대로 알지 못했다. 언론은 실제로 어떤 일이 벌어졌는지, 백악관이 부자를 보호하는 일 말고 다른 어떤 일을 했는지 알지 못했다.

민주당의 어느 누구도 이러한 문서들이 진짜가 아니라고 주장하지 않았다. 이 문제에 관한 한 그들에게 진짜 범죄, 그러니까 폴란드로 탱크를 밀고 들어가서 복수할 만한 진짜 범죄는 러시아인도 아닌 누군가가 진실을 말했다는 것뿐이었다. 그렇다고 대통령이나 그의 후임자가 금융 부문의 이해관계에 직접적으로 관련되었다는 사실이 공개될 것도 아니다. 망할, 오바마가 그렇게 멋지고 클린턴이 우리의 딸들에게 이토록 영감을 주는 롤 모델인데 누가 이런 문제에 관심이나 갖겠는가. 게다가 두 사람 모두 빈자에게서 부자를 수호해 준다.

다시 한번 강조하지만, 내가 오바마나 클린턴의 잘못을 되짚는 것은 꽉 막힌 변기나 다름없는 도널드 트럼프를 옹호하기 위한 것이 아니다. 그보다는 이데올로기의 메커니즘을 설명하기 위한 것이다.

이데올로기의 가면을 벗겨 내라

이데올로기의 지배를 받을 때 우리는 때로 그 냄새를 맡고 알아채기도 한다. 이렇게 이데올로기는 우리에게 '느낌적인 느낌'으로만 모습을 드러낸다. 나는 자유주의 페미니즘의 팬은 아니지만, 자유주의 페미니즘을 형성한 가장 영향력 있는 근대 사상가들 중의 한 명이 '이름이 없는 문제'를 설명한 방식은 의미가 있다고 생각한다.

1960년대에 베티 프리단Betty Friedan을 비롯한 사람들이 마침내 그 문제에 이름을 부여했고, 그렇게 '섹시즘sexism'은 우리가 정의할 수 있는 실체를 얻었다. 초기에 프리단이 섹시즘을 백인 중상층 여성의 문제로 한정했다는 사실은 마르크스와 그 추종자들이 '이데올로기'라는 개념으로 무엇을 말하고 싶었는지 이해하는 데 도움이 된다.

이데올로기는 우리의 마음 깊이 숨어 있다. 이데올로기는 그 존재로 인해 혜택을 받는 이들뿐만 아니라, 입지를 약화시키는 이들 내에도 존재할 수 있다. 이것은 우리의 노동환경(여성 집단에게 무급의 노동, 그리고 대부분 가사 노동이었던)에 의해 지지되며 국가에 의해 강화될 수 있다. 화가 난 여성의 엉덩이를 토닥여서 화를 풀어 주려 애쓰는 남성처럼 (전문가로서 조언하는데, 해달라고 부탁받지 않는 한 절대 이런 짓은 하지 마라) 겉보기에 무해한 제스처로 나타날 수도 있다.

이데올로기를 알아차리는 법

이런 제기랄. 어쩌다보니 페미니즘까지 등장하게 되었구나. 마르크스와 그토록 오랫동안 난감한 관계를 가져 왔던 페미니즘 말이다. 이 둘의 관계는 너무나도 변덕스러워서 서로에게 카운슬링을 해주는 이 커플 이야기로 한 장을 통째로 채울 수도 있다. 지금은 한 마디만 하자. 젠더 문제는 마르크스가 총체적으로 설명할 수 없는 영역이다.

마르크스가 세상의 썩어 빠진 폐단을 전부 시정할 수는 없는 법이고, 그가 그러겠다고 말한 적도 없다. 그러나 여러분도 아마 들어 본 적이 있을, 성차별적 이데올로기에 대한 자유주의 페미니즘 진영의 설명은 자본주의 이데올로기의 형태를 이해하는 데 도움이 된다.

성차별적 이데올로기는 그 표현법이 구식이 되면 더 알아보기 쉬워진다. 냄비의 타이머를 어떻게 맞춰야 남편을 위해 거들을 챙겨 입고 머리를 꾸밀 여유 시간을 더 가질 수 있는지 설명한 옛날 여성지들을 보면 알 수 있다. 과거 사람들은 이런 기사들을 즐겨 읽었으며 별로 이상하게 생각하지 않았다. 과거의 그 시절에는 자연스러운 삶의 방식이었다. 여성들은 석기시대에도 짐승에게 잡아먹힌 바람둥이의 뼈로 만든 헤어 롤러를 가지고 난리 법석을 떨었으며, 자연 상태에서 여성은 당연히 그렇게 행동할 것이라는 식이었다.

이것이 헛소리라는 것을 지적하기 위해 베티 프리단과 같은 직설적인 자유주의자가 필요했다. 그러나 사람들은 그런 그녀에게 시련을 주었다. 오늘날 수많은 미디어가 여전히 여성을 값비싼 부티크 서비스에 시간을 쏟게 하는 데 집착하고 있다고 주장할 경우 쏟아지는 비난을 견뎌 내야 하는 것과 마찬가지다.

귀네스 팰트로의 헛소리

귀네스 팰트로가 발행하는 뉴스레터(우연히도 세계 금융 위기가 공식적으로 선언된 바로 그 달에 출범한)인《굽GOOP》은 값비싼 이국적인 스무디 한 잔으로 '강력해지는' 느낌을 받을 수 있다고 여성을 기만했다. 많은 돈을 소비함으로써 여성이 '역량강화된' 느낌을 받게끔 여성을 기만했다. 귀네스는 여성들이 주체할 수 없을 정도로 많은 빚을 지게 하고, 헤어 롤러 정도는 페미니스트 혁명의 폭력으로 느껴지게 할 만큼 비천한 성 노예에 가까운 헛짓에 시간을 허비하게 만든다.

귀네스는 소녀들에게 유기농 주스에 '섹스 더스트'같은 이름의 파우더를 추가하라고 말한다. 30달러를 내고 '침실 안팎에서 섹시한 에너지를 더해 주는, 연금술 비법으로 조제된 미약'을 복용하라고 말이다. 귀네스는 고가의 스팀 질 세척 서비스(아마도 섹스 더스트를 잔뜩 복용한 후에 필요한 긴급 위생 행위)를 칭송하는 글을 쓰기도 했다.

어쨌거나. 여러분이 자유주의 페미니스트에게 귀네스 팰트로가 질 세척기를 판매하는 찌질이라고 말한다고 가정해 보자. 그러면 그들은 아주 삐딱한 태도로 당신을 향해 유력한 여성의 성공을 폄하하는 성차별주의자라고 말할 것이다. 이 시대의 존경받는 유명 인사 베티 프리단이 나타나 귀네스가 해온 일들이 사실은 여성을 혐오하는 자본가 지배계층을 위한 것이었노라고 밝히기 전까지는 말이다. 나도 나의 자매들에게 이 사실을 전하려고 노력해 봤지만 그들 모두 나를 남성 사회주의자로 여기고 신뢰할 수 없다고 생각했다.

그럼에도 나는 기다릴 것이다. 이데올로기는 시간이 지나면 스스로를 드러내는 법이니까. 이데올로기가 즉시 모습을 드러낸다면 더 좋겠지만 말이다. 어쨌든 귀네스 펠트로의 경우는, 최소한 내가 미리 알아챘기에 마르크스가 그랬듯이 언젠가는 "거봐, 내가 뭐랬어"라고 주장할 수 있을 것임을 알고 있다.

공산주의자들의 정직

자본주의의 이데올로기적 방어에 관해서는 마르크스가 150여 년 전에 이야기한 바 있다. 그는 수많은 저서를 통해 계몽주의 시대의 경제 사상가들과 논쟁을 하면서 이들의 《굽》 수준의 부자놀이를 강력하게 파헤쳤다.

이데올로기가 언제나 우리 눈에 명확하게 드러나는 것은 아니다. 마르크스주의는 가장 눈에 보이지 않는 종류의 권력이 가장 효과적이라고 주장한다. 이에 따라 마르크스주의자는 다른 이들에게 쉽게 전달할 수 있도록 스스로의 신념을 간단히 정리함으로써 이러한 권력 구조에 저항해야 한다. 마르크스주의자라면 자본주의에 대한 진실을 관찰하고 전달하는 습관을 가져야만 한다.

마르크스주의자 중에는 교묘한 수단으로 권력을 가진 다른 이들에게 자신들의 교리를 전파하고자 하는 이들도 있다. 성 소수자들의 집회에 한 번이라도 참가해 본 적이 있다면, "동성결혼은 멋지다. 그렇지 않은가? 국가에서 서면으로 발행한 허가증은 정말 마음에 든다! 관련 문헌 몇 개만 읽어 보도록 하자" 같은 말을 하는 트로츠키주의자를 만난 적이 있을 것이다. 나는 이런 종류의 견해를 반기지 않는다. 솔직하게 말하자면 마르크스 역시 좋아하지 않았다.

《공산당선언》의 마지막 문장에서 마르크스는 공산주의자들이 솔직해질 필요가 있다고 이야기한다.

> 공산주의자는 자신들의 견해와 의도를 감추는 일을 경멸한다. 그들은 기존의 모든 사회 조건을 강제로 전복시킴으로써만 자신들의 목적이 달성될 수 있음을 공공연하게 선언한다. 지배계급으로 하여금 공산주의 혁명 앞에 벌벌 떨게 하라.

자신 안에 있는 자본주의 이데올로기를 찾아라. 그래야 다른 이들에게 그 이데올로기의 강제적 전복을 공공연하게 선언할 수 있다.

자본주의 내에서 '진실'을 구분해 내는 일은 쉽지 않다. 재미있는 일도 아니다. 그럼에도 긍정적인 면이 있는 것만은 분명하다. 혹시 여러분이 그것을 찾게 된다면 나에게도 알려 주기 바란다.

━━━ **제4장** ━━━

자본주의가
노동자를 따돌리고 있다고?

자본주의가 요구하는 노동의 규칙

혹시 이데올로기에 관한 장을 건너뛰고 노동에 관한 장을 접할 준비
가 되어 있다고 생각하는 사람이 있다면 등짝 스매싱이 좀 필요하겠
다. 요놈, 요 불량 마르크스주의자 같으니라고! 생산양식의 변천에 관
한 이야기가 쿠키앤크림처럼 달달하기만 할 거라고 말한 사람이 있는
가? 질질 짜지 말고 정신 바짝 차리게, 동지여. 돌아가서 통밀로 만든
고통의 팬케이크를 다 먹고 와라. 나는 밤새도록 기다릴 수 있으니.

　좋다, 내가 잘못했다. 앞 페이지를 다시 들춰 볼 필요는 없다. 어쨌
든 시간은 돈이니까. 소위 '임시직 선호 경제', 또는 프랑스어로 '신용
불량'을 의미하는 긱 경제의 일원으로서 나는 이 사실을 너무나 잘 알
고 있다. 매일 같이 마주하는 생존 문제로 돌아가기 전에 이 논의를
빨리 끝내도록 하자.

　이데올로기가 노동에 미치는 신화화의 영향에 대해 알아야 할 거
의 모든 사항은 오늘날 취업 인터뷰를 통해 경험할 수 있다.

　당신은 지금 채용 심사위원들을 마주하고 있다. 당신의 운명을 좌
지우지할 힘을 가진 낯선 이방인들이다. 어쩌면 나처럼, 여러분도 뭔

가 극적인 것을 좋아하는 취향이어서 이를 딥스테이트•의 고문쯤으로 상상할 수도 있겠다. 특히 "자신의 가장 큰 약점이 뭐라고 생각하는지 말해 보라"는 질문을 받을 때면 말이다.

이들 파시스트 집단에 합류하고 싶다면 이렇게 답하면 된다. "제 약점은 너무 몰두해서 일하는 경향이 있어 누군가 그만하라고 말할 필요가 있다는 것입니다." 그렇지 않고 강제 노동 수용소에서 생을 마감하고 싶다면 "저의 진짜 약점은 제 안의 공허함을 채우기 위해 프링글스 통을 비우면서 넷플릭스에서 끔찍한 판타지 프로그램을 무한정 시청해야만 한다는 것입니다. 이런 우울한 날 아침이면 위염에 시달리느라 출근하기 힘들 수도 있습니다. 이런 일이 적어도 한 달에 한 번은 있을 거라 생각하시면 됩니다"라고 답하라.

물론 당신은 진실을 말하는 대신 자신이 완벽주의자라고 주장할 것이다. 에런 소킨Aaron Sorkin이 제작한 드라마에 나오는 멋진 주인공들처럼 스스로를 지나치게 다그치는 경향이 있다고 말할 것이다. 과거 상사들이 발견한 당신의 유일한 문제는, 당신이 직장을 너무나 좋아해 좀처럼 퇴근하지 않는 것이었다고 말이다. 젭•을 대통령으로!

● deep state. 국가 체제와 독립적으로 운영되는 은밀한 권력 집단을 의미한다.

▲ 에런 소킨이 제작한 미국 정치 드라마 〈웨스트 윙〉에 나오는 가상의 민주당 출신 대통령 조사이어 바틀릿의 애칭. 〈웨스트 윙〉은 정의로운 대통령과 우수한 보좌진 등의 인물을 등장시켜 이상주의적인 정치 이야기를 그린다.

"입사하면 뼈를 갈아 일하겠습니다"

당신은 이것이 신화화라는 것을 알고 있다. 면접관도 이것이 신화라는 것을 안다. 하지만 당신이나 그들 모두 이를 직접적으로 까발리는 대신 부드럽게 돌려 말해야 한다는 사실도 잘 알고 있다.

우리 모두는 면접 자리에서 "회사가 저에게 주는 것보다 더 많은 가치를 회사에 제공해야 한다는 것을 잘 알고 있습니다"라고 말해야 한다는 사실을 알고 있다. 당신은 마르크스가 한때 수백만 명의 사람들에게 위험할 정도로 명확하게 까발렸던 사실, 즉 자본주의자는 노동자들의 몸과 마음에서 이윤을 뽑아내는 이들이라는 사실을 조심스럽게 인정하고 있는 것이다.

당신과 고용주와의 이러한 관계는 너무나 명확해서 말할 필요조차 없다고 생각할 수도 있다. 하지만 어쨌든 다시 한번 입 밖으로 말해 보자. 당신은 고용주에게 받은 것보다 많은 가치를 제공한다. 이는 평등한 관계가 아니다. 당신의 노동은 반드시 회사에서 받은 임금보다 더 큰 이윤을 가져다주어야 한다.

여러분은 직장에서 퇴근하고 집으로 돌아올 때 자신이 생산한 재화 또는 용역을 직장에 두고 온다. 노동자들은 이에 대해 어떤 권리도 갖지 못한다. 만약 자신이 생산한 것을 가져온다면 법을 어기게 된다. 생산에 사용한 도구 중 일부를 빌려 온다면 역시 법을 어기게 되는 것이다. 그것이 소프트웨어든 로봇 팔 부품이든, 또는 다른 이들에게 도움이 될 수 있는 산업 안전 규정집이든 성희롱 예방 가이드라인이든 상관없다. 설사 여러분이 이 망할 도구를 만드는 데 기여했다 하더라도 이는 고용주인 자본가의 재산이고, 따라서 여러분이 만든 이 유용한 물건을 가지고 오는 것은 법을 위반하는 것이다.

취업 면접에서 대부분의 지원자들이 그런 것처럼, 우리가 게으르고 도둑 심보를 가진 다른 지원자들보다 조금이나마 더 열심히 일할 부류의 사람이라는 이데올로기적 암시를 줄 때, 우리는 자본주의의 노동 규칙에 동의하는 것이다. 많은 이들이 〈웨스트 윙〉 식의 판타지, 예컨대 '진짜 위대한 사회는 자기 일을 끝내주게 잘하는 개인들에 의해 건설되고 이루어진다'는 판타지의 수단을 빌려서 이러한 타협을 스스로 합리화한다. 더 나아가 능력이 승자와 패자를 결정한다는 허위의식, 더 많은 능력을 가진 사람이 더 많은 재산을 가져야 한다는 비윤리적인 사상을 받아들인다. 우리는 스스로를 엄청난 지혜를 중얼거리며 끝나지 않는 복도를 걸어가는 울트라 짱 능력 있는 실세로 상상하는 것만으로 만족한다.

노동자들의 소외

여기에서 더 나아가 우리는 마르크스가 '소외'라고 불렀던, 독일어로 엔트프렘둥^{entfremdung}이라고 하는 놀랄 만큼 우울하게 들리는 개념을 내면화한다.

서구에 사는 일반 시민들이 '자본주의는 본질적으로 악한 존재'라는 마르크스의 총체적 주장은 망각할지라도, 마르크스의 이 업적만큼은 인정한다. 내가 그러하듯이 여러분도 아마 일상 대화에서 '소외'라는 단어를 이따금씩 사용할 것이다. 다른 사람들에게 둘러싸여 있음에도 혼자 있는 것처럼 느껴진다거나, 슈퍼마켓에서 기묘한 혼란에 빠진다거나 하는 감정을 묘사하기 위해 이 단어를 사용하기도 한다. 이 단어에 대해서만큼은 마르크스의 공이 크다.

어쩌면 소외라는 개념은 말 그대로의 의미에 불과하며, 마르크스의 존재와 무관하다고 생각할지도 모르겠다. 거리감이라는 공통된 감정을 설명할 다른 방법을 찾을 수 있을지도 모른다. 너무나 많은 사람들이 가깝게 느끼던 것들로부터 제외되었다는 느낌을 받는다. 그러나 마르크스가 주장한 소외 개념이 없었다면 오늘날 소외에 대한 우리의 견해를 형성한 위대한 영화, 문학, 음악 작품 중 대부분은 존재하지 않았을 것이다.

우리가 알고 있는지 여부와 상관없이 우리 마음은 아주 오래 전에 쓰인 철학적 개념에 의존하고 있다는 사실을 기억할 필요가 있다. 이는 프로이드의 무의식이나 마르크스의 소외처럼 유용한 개념일 수도 있고, 또는 존 로크 시대 이래 모든 자본주의자들이 주장한 자연법*

● 존 로크는 노동에 의해 얻은 사유 재산을 안전하게 지키고자 사회의 구성원들이 사회계약에 의해 국가를 발생시켰다고 주장했다. 그의 주장에 따르면 국가는 사유 재산을 유지하는 최소한의 안전 보장에 있다. 야경국가론이라고도 한다.

처럼 진짜 쓰레기 같은 것일 수도 있다.

어쨌거나. 우리의 사상에는 언제나 역사가 있다는 사실, 유물론적 역사를 갖는다는 점을 강조하는 건 이제 충분한 것 같다. 우리가 '자연스럽다'고 생각하는 노동에 대한 사상도 지금으로서는 이만하면 충분하다. 자본주의 노동이 일종의 섹시하고 경쟁력 있는 생물학적 동기에 의해 조직된다는 견해에 대해서는 나중에 더 살펴볼 것이다. 지금은 소외라는 개념에 집중하도록 하자.

인간은 애플 클라우드의 데이터가 아니다

젊은 시절의 마르크스는 네 가지 종류의 소외를 언급했다. 이 책은 마르크스주의 교과서도 아니고 이 책을 읽는 여러분은 매우 바쁠 테니, 각 유형에 대해 꼼꼼하게 살펴보는 건 접어 두고 간략하게 목록만 열거해 보겠다. 열성적인 혁명가라면 배탈이 났다는 핑계로 일하러 나가지 않은 어느 날 과자를 집어 먹으면서 마르크스의 《1844년 경제학 철학 초고》를 읽어 볼 수도 있겠다. (나는 모든 노동자에게 이를 권장하는 바이다.)

우선 우리는 노동을 통해 만들어 낸 생산물에서 소외되어 있다. 우리가 노동으로 만들어 낸 생산물은 노동자의 것이 아니다. 우리는 이를 소유할 수가 없다.

둘째, 우리는 생산양식으로부터 소외되어 있다. 우리는 대개 이 소외의 아주 작은 일부만을 접할 뿐이다. 한때 디트로이트의 자동차 공장에서 일했던 사람들이나 지적재산권 관련 사건을 다루는 기업의 법률 전문가들 역시 사정은 마찬가지다.

셋째, 우리는 마르크스가 생산자로서 우리의 '정수'라고 본 것(우리 인간은 만들고, 일하고, 계획하는 것을 좋아한다)으로부터 소외되어 있다. 마르크스가 후일 《자본론》에서 설명한 바에 따르면, 이러한 특징

이 '최악의 건축가와 벌들 가운데 가장 집을 잘 짓는 벌을 구별 짓는
다. … 건축가는 현실에서 구조물을 세우기 전에 상상 속에서 먼저 자
신의 구조물을 세운다.'

넷째, 우리는 동료인 같은 노동자들로부터도 소외되어 있다. 우리
는 때로 물리적으로 그들과 구분되어 있으며, 이들을 경쟁 상대로 보
아야 한다. 이런 노동의 구분은 많은 경우 문화적 경계를 따라 발생한
다. 우리는 여성의 일이라거나 갈색 피부의 사람이 하는 일이라는 식
으로 노동을 구분하며, 같은 방식으로 더 많은 문화적 구분을 만든다.

물 부족 국가의 행복지수가 높은 이유

현재 서구 세계의 소외를 이야기할 때 우리는 다른 수많은 문제와
동일한 방식으로 접근한다. 마치 우리 모두가 신체적 필요 따위는 초
월한 애플 클라우드 같은 꿈의 세계에 살고 있는 것처럼 말이다. 사물
을 생각하는 방식이 우리의 세계를 결정하는 것처럼 여기고 물질을
부인한다. 이는 일부 마르크스주의자들이 흔히 '탈유물론'이라 부르
는 근대 서구의 사고방식이다.

대규모 탈유물론의 한 예를 살펴보도록 하자. 2012년 이래 유엔
은 각 국가의 행복지수를 비교한 세계 행복 보고서를 발표해 왔다. 이
자유주의적 조직은 잘사는 삶을 나타내는 새로운 지표로 '웰빙'과 '행
복'을 선정했다. 위생이나 구매력, 혹은 기아와 공습으로부터의 자유

와 같은 다른 측정 기준은 너무 오래된 지표였기에, 처음 이 보고서는 '새로운 경제 패러다임'이라는 부제를 달고 있었다.

이처럼 수치로 측정할 수 없는 지표를 측정하고자 하는 유엔의 변화는 2016년의 지속가능한 개발 목표에서도 찾아볼 수 있다. 이 내용을 뜯어보면 13살의 내가 일기장에 끄적였을 만한 내용과도 흡사한 새로운 항목들을 볼 수 있다. 유엔은 너무나 많은 사람을 배제한 채 지구를 엉망으로 만드는 생산과 소비 관행에 대한 언급을 최소화하고 '사회적 포용'과 '지구 구하기'가 가장 중요하다고 말한다. 사람들의 삶이 힘들어지면 이 문제가 어딘가 다른 곳에서 발생하는 것인 양 구는 것이 우리의 제도적 해결책인 것 같다.

유엔 문서에서 개발도상국에 사는 사람들이 '행복'하다고 말하는 한 개발도상국의 물 부족은 그렇게 심각한 문제가 아니다. 빈곤의 원인은 인종차별적인 사고를 하는 사람들에게 있다. 이런 식으로 진실을 외면하면서 갈색 피부의 사람들이 거주하는 국가에 무력과 무역 제재가 가해지는 상황은 보려 하지 않는다. 유엔의 인식 제고 조치가 정말로 미국의 대외정책을 변화시킬 수 있을까? 탈유물론자들은 그렇게 생각한다. 그러나 역사적 유물론자들은 그렇게 생각하지 않는다.

우리가 소외감을 느끼는 원인은 사람들이 아이폰에만 푹 빠져 있느라 주변에 관심을 가지지 않기 때문이라고들 말한다. 역사적으로 노동 방식에 대한 마르크스의 설명에 많은 반론이 있었지만, 나는 소외를 우리의 노동과 결부시켜서 보아야 한다고 생각한다.

인터넷 커뮤니티에서 일어나는 사이버 불링의 원인

생존 수단을 확보하는 방식은 우리의 사고방식에 지대한 영향을 미친다. 우리가 깨어 있는 시간을 어떻게 보내느냐에 따라 삶이 달라진다. 돈을 어떻게 버는지, 또는 시간을 보내기 위해서 무슨 일을 하는지가 우리를 규정짓는다. 이는 또한 유엔의 정책결정자들에게도 영향을 미친다. 굶주린 세계를 설명하고자 만들어진 세계 행복 보고서가 실제로는 설명 대상과 엄청나게 소외되어 있다는 사실은 충격적이다.

사람들이 시간을 보내는 방식이 사람들에게 어떤 영향을 주는지 우리는 쉽게 목격할 수 있다. 예컨대 우리는 포챈* 유저들이 현실 세계로부터 소외되어 있는 현상과 그들의 물리적인 삶의 소비 방식을 연결지어 생각하는 데 아무런 어색함을 느끼지 않는다. 이런 온라인 커뮤니티의 유저들이 도널드 트럼프의 머저리 같은 짓을 지지하기 시작하자 왜 이 친구들이 이런 식으로 반응하는지 설명하는, 다시 말해 왜 이들이 공동선에서 지독히도 소외되어 있는지 설명하는 수많은 기사와 수백만 건의 짤방이 쏟아져 나왔다. (우연이지만, 이러한 움짤들은 처음 포챈의 무급 노동의 산물로 등장했다. 이들에 대해 냉혹한 평가를 할 때면 그들이 우리에게 수많은 짤방을 선사했음을 기억하기 바란다.)

● 4chan. 이미지 기반의 미국 커뮤니티 서비스.

이들이 부모 집 지하방에 기생해 산다는 분석이 만연하다. 포챈 유저들도 이에 대해 공공연히 우스갯소리를 하곤 한다. 대부분 남성이며 스스로를 이성애자라고 밝히는 이 집단은 한번도 여성의 손길을 느껴 본 적이 없다는 것을 또 다른 이유로 내세운다. 그들은 소외되어 있다. 그들의 삶에는 아무런 희망이 없다. 이들의 집합적 노동의 산물을 보면 이에 반박하기가 쉽지 않다.

진정한 마르크스주의자라면 이들의 희망을 증발시킨 가장 주요한 이유가 시장의 조건이라고 말할 것이다. 그러나 자유주의자들은 경제적 문제에 한해서만큼은 우익 보수주의자들과 입장을 같이 한다. 즉 자유주의자들은 이 친구들이 성공할 만큼 충분히 노력하지 않을 뿐이라고 이야기할 것이다. 그들은 실종된 특권에 분노하고 있는, 성생활을 하지 못하는 유해한 백인 남성들이다.

포챈이나 대안 우파의 키보드 전사들에 대해 어떻게 생각하든지 간에 (뒤에서 험담만 하는 사람들에게 분명히 이야기해 두는데, 나는 인종차별, 장애인 차별, 성전환 혐오 등등에 대해 철저하게 반대하는 사람이다) 여러분은 아마도 이들의 삶의 조건이 일종의 소외를 낳았으며, 그 결과 이들은 온라인상에 모여 서로를 찌질이라 부르고 〈월드 오브 워크래프트〉 같은 온라인 게임에서 사이버 강간 행위를 자행하는 등의 방식으로 보상을 꾀한다는 사실을 눈치챌 수 있을 것이다. 다시 말해 이들의 유물론적 경험이 이들의 소외에 큰 역할을 한다.

노동이 노동자의 소외를 낳는다

여러분이 고집스럽게 읽기를 거부했던 앞 장에서 이야기한 바 있지만 나처럼 철저하게 의식화된 끝내주는 마르크스주의자조차도 동료 노동자들에게 소외감을 느낀다. 간신히 법에 걸리지 않을 정도로 적은 임금, 즉 법정 최저 임금을 받기 위해 노동해야 하는 상황이라면 (항상 그렇다는 게 문제다. 그렇지 않다면 자본주의자들은 이윤을 낼 수 없을 것이고, 더 이상 자본주의자라고 부를 수 없게 될 테니까) 사실상 우리는 다른 이들과 경쟁 관계에 있다고 보아야 한다. 자본주의자에게 당신보다 다른 노동자가 더 이윤이 된다면 당신의 위치가 위험하다.

어떤 이들은 이런 두려움이 '생산성을 촉진한다'고 주장하며, 실제로 정말 그렇기도 하다. 하지만 지금이야말로 마르크스처럼 우리도 도덕적 존재임을 인정하고 스스로에게 질문을 던져야 한다. 삶의 정서적 (그리고 물질적) 빈곤이 이윤과 맞바꿀 값어치가 있는가?

세계 인구의 대부분이, 설사 이들이 포챈 트롤이건 중국 공장 노동자건 간에 오로지 상실감만을 느끼고 있다면 이렇게 창출된 이윤에 도대체 무슨 의미가 있는가? 우리의 노동이 개인적 고통을 창출하거나 강제로 주어진 여가에 인종차별적 움짤을 만드는 식으로 사회적 고통을 창출한다면, 도대체 진짜 망할 놈은 누구인가? 서구 사회 실질임금의 대대적 폭락, 국민 전체의 노예화, 그리고 굶어 죽어 가는 10억 명의 사람들은 별개로 치더라도, 우리의 슬프고도 깊은 소외의 종식은 자유주의자들도 고민해야 할 문제다.

공장 기숙사까지 가는 것조차 힘겨운 날이면 개발도상국의 노동자들은 포챈 유저들이 매크로 잔혹 행위의 대상으로 삼는 소비재를 생산하는 작업장에서 잠을 청하기도 한다. 이 친구들은 어쩌면 자살하는 중국 노동자를 묘사하는 움짤을 만들지도 모른다. 그저 재미를 위해서 말이다.

원한다면 '그건 일부 사람들 문제야. 우리 대부분은 행복하다고'라며 넘겨 버릴 수도 있다. 이것이 엘리트 형식의 소외다. 이 신화화의 이면에서 사실 대부분의 사람이 그렇지 않다는 것을 알고 있기 때문이다.

여덟 얼간이의 재산만 있으면 굶주린 10억 명의 배를 채울 수 있다는 사실을 순순히 받아들여서는 안 된다. 만연한 인종차별주의에 '좀 더 나은 고민을 해봐'라며 그냥 넘어가서도 안 된다. 우리는 노동이 우리 내면의 소외감을 낳았음을 알고 있다. 우리는 소외감을 느껴 본 적이 있다. 우리는 '그래서 어쩌라고?'라는 생각을 해본 적이 있다. 다 집어치워 버리고 싶다는 유혹을 느껴 본 적이 있거나 아무런 이유 없이 바로 옆자리의 동료에게 참을 수 없는 분노를 느낀 적이 있다.

그런 적이 없다면 당신은 정말 운이 좋은 사람이다. 여러분의 삶이 행복하다면 나도 기쁘다. 여러분이 누리는 것을 모두가 누릴 수 있기를 바란다.

성공하는 자본주의자들의 비밀

우리 인류의 슬픔을 개인의 욕심 탓으로 돌릴 수도 있다. 우리가 직장에서, 또는 정부에서 주는 소득에 대해 (사회보장급여 수급자들은 소외의 무기력을 누구보다도 잘 알고 있다) 느껴 봤을 소외감을 어떤 나쁜 인간이나 그들의 성향 탓으로 돌릴 수 있다. 또한 집필 생활 말년에 이른 마르크스가 이야기했듯, 우리 스스로를 위한 희망을 생산양식에 짜넣는 일이 필요하다고 말할 수도 있다.

 '#희망'이라는 해시태그를 달고 희망이 찾아오기를 기다리는 것만으로는 충분하지 않다. 마르크스의 이야기처럼 우리는 이것을 생산양식에 짜넣어야만 한다.

 어떤 사람들은 탐욕스럽고 언제나 탐욕스러울 것이며 애초에 그렇게 태어났다고 가정해 보자. 개인적인 생각이긴 하지만 정말 그런 사람이 있을 수도 있다. 나만 하더라도 머랭 과자를 나눠 먹어야 할 때면 공산주의 원칙이 머릿속에서 깡그리 사라지곤 하니까. 하지만 그 탐욕스러움의 규모를 키운다고 지금처럼 고작 여덟 명이 전 세계 부의 절반 이상을 소유하는 세상이 필연적으로 등장하는 것은 아니다. 봉건주의가 애들 장난처럼 보이는 지금의 엿 같은 현실은 인간이 지녀야 할 미덕의 결여만으로 탄생하지 않았다.

자본주의 시스템에서 성공하는 법

성공한 멍청이들이 하는 말처럼, 자본주의 체제하에서 기업은 '죽이거나 죽거나' 식의 접근법을 요구한다. 다시 말해서 비즈니스에서 성공하려면 최소를 가지고 최대한을 쥐어짜야 한다. 정말이지 엿 같은 논리가 아닌가.

심지어 쇼핑객으로 '성공하기' 위해서도 동일한 식으로 해야 한다. 내가 지금 입고 있는 티셔츠의 가격은 3달러다. 하이에크*의 이름으로 묻건대, 어떻게 티셔츠 가격이 3달러밖에 안 할 수 있으며, 어떻게 내가 마음 편히 구입할 수 있는 것이 이런 티셔츠뿐이란 말인가? 이모든 일의 책임을 단지 인간의 욕심 때문이라고 할 수 있는가? 혹은 이 고통을 낳는 주된 원인이 자본주의 생산양식이라고 말해야 할까? 마침내 이 티셔츠에서 유물론을 볼 수 있을 것인가?

이 고통을 낳은 이들은 단순히 잔혹한 섬유 산업의 왕들과 태평한 서구 저널리스트들만이 아니다. 우리 모두가 강제로 이 과정에 끌려들어가 있다. 심지어 스스로 깨어 있다고 말하는 노동자조차도 멍청이나 다름없다. 열대우림을 파괴하지 않고 재배된 커피만 마시는 소비자라 할지라도 착취를 거든다. 착한 자본주의자조차도 '탐욕스런' 관행에 참여해야만 한다.

● Friedrich A. von Hayek. 오스트리아 태생의 영국 경제학자이자 정치철학자. 신자유주의 사상의 아버지로 여겨지며 1974년 화폐와 경제 변동에 관한 연구로 노벨 경제학상을 수상했다.

채식주의자를 위한 카페에서 일어나는 착취

당신이 비건 카페를 운영하는 정말 선한 사람이라고 가정해 보자. 동물성 식품은 일절 사용하지 않으며 독립 제작 음악만을 틀고 재활용품을 이용해서 만든 물건으로만 카페를 장식한다고 하자. 그럼에도 '자유 시장'은 너무나 부자연스러운 방식으로 행동하게끔 요구한다.

아주 천박하게 표현해 보자면, 사업이 번창까지는 아니더라도 최소한 망하지 않기 위해 당신은 다른 사람들을 이용해야만 한다. 노동자들은 당신이 그들에게 지급하는 임금보다 더 큰 노동력을 제공해야만 한다. 그렇게 당신은 그들에게서 마르크스가 '잉여'라 부르는 것을 취한다. 이들을 이윤을 위한 도구로 이용하는 것이다. 그들은 대차대조표상에 당신이 구입해야 하는 상품으로 표시된다.

또한 고객은 당신이 만든 초콜릿 아보카도 푸딩을 사기 위해 여기에 들어간 노동력과 자재 값보다 비싼 값을 지불해야만 한다. '자유롭고' '자연스러운' 시장에 의해서 당신은 이렇게 행동하게끔 강요된다. 당신에게는 선택의 자유가 없다.

물론 나는 당신이 디저트를 만들 때 어떤 동물권도 침해하지 않았다는 데 만족한다. 지역 예술 작품을 전시하고자 하는 당신의 노력에도 박수를 보낸다. 당신은 생계를 꾸려야 할 필요가 있으며, 현재 생산양식 아래서 당신이 이렇게 소규모로나마 살아남을 수 있음을 기쁘게 생각한다. 하지만 모두가 너무나 잘 알고 있듯이 비즈니스를 유지하기 위해서는 이윤을 남겨야만 하고, 이를 위해서는 무언가에 값을 덜 치러야 한다. 당신은 이를 '손실'로 표기한다.

그렇다고 비건 사업가인 당신이 비도덕적이라는 것은 아니다. 당신은 미덕을 결여하지도 않았고 모든 생명에 대해 매우 깊은 연민을 느낀다. 하지만 자본주의는 당신이 미덕을 상실하게끔, 그리하여 모든 거래에서 경쟁력을 갖추어야 한다고 요구한다. 반대의 경우는 성립하지 않는다. 자본주의가 우리를 경쟁적으로 만든다. 우리의 경쟁심이 우리를 자본주의자로 만드는 것이 아니다. 그럼에도 사람들은 '탐욕'이 모든 자본주의적 불평등의 진정한 뿌리라고 말한다.

'인간의 의식이 그들의 존재를 규정하는 것이 아니라, 반대로 그들의 사회적 존재가 그들의 의식을 규정한다'는 말을 기억하는가? 이것이야말로 더러운 자본주의자가 가까이 올 경우를 대비해 항상 몸에 지니고 다녀야 할 휴대용 마르크스 물티슈 중 하나다.

빌 게이츠가 성공을 위해 저지른 일들

우리의 본능이나 의도와 합치하지 않는다 하더라도 자본주의 노동 환경에서 우리는 결국 다른 사람들을 농락할 수밖에 없다. 우리는 모두 소외되어 있다. 비건 카페의 사장만 그런 상황에 처해 있는 것이 아니다. 이번에는 저 존경받는 빌 게이츠의 경우를 생각해 보자.

이 글을 쓰고 있는 현재 세계 최고 갑부인 이 친구는 자선 활동으로도 널리 칭송받는다. 게다가 말라리아 치료를 염원하는 멋진 사람이다. 그가 막대한 부의 토대를 다진 마이크로소프트사에서 보였던 지도력을 살펴보면, 그가 악덕 고용주라는 평은 별로 찾아볼 수 없다. 오늘날 빌 게이츠는 개인 순자산이 슬로바키아 GDP에 맞먹는 존재다. 하지만 그의 왕국은 단지 미덕에만 기반해 세워지지 않았다.

그는 개인의 위대함이나 전문적인 지식을 통해 부를 쌓지 않았다. 빌 게이츠는 뛰어난 프로그래머지만, 그의 운영체제가 안드로이드나 리눅스보다 월등히 뛰어나지는 않다. 젊고 야심찬 게이츠가 다른 프로그래머들의 작업을 자기 것이라고 주장하는 옛날 실리콘밸리 드라마는 제쳐 두더라도, 그가 부를 축적한 과정은 개인적 사악함이나 미덕에 대한 이야기와는 거리가 멀다. 그저 운 좋게 승자가 된 평범한 자본주의 성공담에 불과하다.

게이츠는 합법적인 선 내에서 탈세를 저질렀으며, 허용 가능한 범위 내에서 다른 사람의 작업을 도용했고, 수많은 사무직 노동자들이 윈도우 운영체제에 평생 종속되게 하는 식으로 경쟁자들을 차단하는 효과적인 비즈니스 구조를 만들었다. 그는 또한 특허법 강화에도 상당한 공을 세웠는데, 그 결과 미국의 의약품 가격은 천정부지로 치솟아 수많은 환자들이 약물 치료조차 쉽게 받지 못하게 되었다. 어쩌면 그가 처음부터 그렇게 터무니없는 부자가 되기를, 그렇게 철저하게 자신의 자산을 보호하기를 의도했던 것은 아닐지도 모른다. 하지만 처음 거둔 사업 성공을 보호하기 위해 그는 그렇게 움직여야 했다.

빌 게이츠가 지주회사나 투자회사를 통해 왜 그렇게 자신의 부를 계속 쌓고자 하는지는 아무도 확실히 알 수 없다. 이 친구는 아마도 자신이 세계를 지배할 권리를 얻었다고 생각하거나, 돈으로 그런 위치에 선출되었다고 느낄지도 모르겠다. 국가보다 더 강력한 힘을 갖게 된 사람들에게 어떤 일이 벌어지는지 그 누가 알겠는가. 그들이 우리에게 자세한 속사정을 이야기할 리는 없으니, 그저 그들이 〈웨스트 윙〉에 나오는 대통령 조사이어 바틀릿을 상상하며 자위하는 데 저녁 시간을 다 보낼지도 모른다고 상상할 뿐이다.

하지만 우리가 확실하게 아는 것이 하나 있다면 이 말도 안 되게 부유한, 자동차, 바이오테크, 식품, 음료, 호텔, 농기계, 폐기물 관리 회사 등의 부분 소유권을 가지고 있는 이 남자가 수많은 착취를 낳으리라는 점이다. 그가 말라리아를 치료한다 하더라도 그는 여전히 탐욕스러운 사람이다. 오늘날 그가 손가락 하나 까딱하지 않고도 돈을 긁어모을 수 있게 해주는 존재, 자본주의가 그를 그렇게 만들었다.

어떤 사람들은 태생적으로 탐욕스러울 수 있다. 우리 모두가 엄청나게 이기적인 존재이며, 우리 중 일부는 타인의 필요와 자신의 필요 사이에서 균형을 맞추는 능력이 현저히 부족하다. 그러나 마르크스주의 시선으로 보자면, 이러한 개인의 탐욕이 대규모로 표출된 결과 자본주의가 등장했다는 주장은 사실이 아니다. 이는 조금도 자연스럽지 않으며, 단연코 자유도 아니다. 우리는 다른 방식으로 행동할 수 있다. 우리가 본성으로부터 그렇게 소외되지만 않았더라면, 그렇게까지 자유와 거리가 멀지만 않았더라면 말이다.

자본주의가 기분장애를 부른다

분노, 소외, 절망, 불안, 비참함과 같은 우리의 고통 전부가 자본주의 생산양식에 기인하는 것만은 아니라는 사실을 말해 두어야겠다. 아마 자연적으로 발생하는 더 심층적인 증상도 있을 것이다. 수많은 사람이 겪고 있는 심각한 우울증과 기분장애의 신빙성을 떨어뜨리기 위해 '아마'라는 애매한 단어를 사용하는 것은 결코 아니다. 다만 현재 시점에서 그 원인이 의학적으로 추정 단계에 머물러 있기 때문이다. 중증 우울증을 진단할 수 있는 혈액 검사나 두뇌 스캔 기술은 없다. 소변검사로 불안증을 발견할 수도 없다. 고독을 나타내는 생물학적 표지도 없다.

그나마 탄탄한 유전적 증거가 나오기 시작하고 있는 유일한 정신 질환 문제는 거식증이다. 일상을 마비시키는 이 지독한 증세가 자본주의를 비난할 수 있는 유일한 질환이다. 거식증 전문가와 거식증 환자들은 그렇게 주장하지 않음에도 우리는 삐쩍 마른 패션모델들이 문제라고 비난한다. 그렇다면 거식증을 제외한 다른 문제를 대하는 태도는 어떤가. 우리는 이런 문제들이 다 신체에서 일어나는 '화학작용' 때문이라고 말한다. 우울증도 그저 화학작용에 불과하다는 것이다. 이러한 생각은 여러 끔찍한 결과를 낳는다.

이윤을 부르는 정신의학계의 혁신

현대 의학의 공식적 창시자인 히포크라테스는 우울증을 외부적 요인이 있는 우울감과 내부에서 유래하는 우울감의 두 가지로 나누었다. 그러나 1990년대 들어서 이 중요한 구분이 상실되었다. 지금 시대의 정신의학은 이 오래된 구분 방식을 폐기해 버렸다.

어쩌면 이 사실이 우울해하는 사람들에게 아무 의미도 없다고 생각할 수도 있다. 하지만 이는 우리가 귀에 못이 박히도록 들어 온 '혁신'의 종말, 이 경우에는 정신의학 내 혁신의 종말을 의미한다. 우울증 환자 중 일부에게만 효과가 있는 의약품을 더 많이 팔아야 한다는 필요성이 우울 질환을 가진 모든 이들을 동일하게 분류하도록 만든다. 그리하여 오늘날 우울 질환을 가진 사람들은 모두 동일한 방식으로 취급되고 연구된다.

미국정신의학협회에서 발행하는 권위 있는 지침서《DSM-5 정신질환의 진단 및 통계 편람》의 전 편집자이자 지금은 이를 비판하는 입장에 서 있는 앨런 프랜시스Allen Frances 박사를 비롯하여 많은 저명한 정신의학자들이 오늘날의 이런 접근법이 연구와 치료를 모두 저해하고 있다는 견해를 밝혔다. 삶에 혹독하게 당한 결과 우울감에 시달리는 사람들과 원인을 전혀 파악할 수 없음에도 우울증을 겪는 사람들을 의학적으로 구분하지 않는다면 우리는 증상 자체를 제외한 그 어떤 것도 이해하지 못할 것이다.

심각한 소외감에 시달리는 한 노동자가 의사를 찾아가 진찰받는다고 가정해 보자. 의사는 이 노동자가 여유로운 삶을 만끽해 온 다른 환자와 같은 증세를 보인다고 진단하고 다른 이들과 동일한 치료법을 제안할 것이다. 현기증 증세를 보이는 환자에게 "혹시 방금 회전목마를 타고 왔다거나 하지는 않나요?"라고 물어 보지도 않고 당장 뇌졸중으로 진단하는 것과 유사하다.

진실로 누구에게나 기회는 평등한가

정신질환은 기회의 평등이라는 신화를 퍼뜨렸다. 정신질환에 대한 인식을 제고하는 공익광고는 정신질환이 '누구에게나 일어날 수 있는 일'이라고 말한다. 'CEO라도 예외는 아닙니다'라고 말이다. 글쎄, 어느 정도는 맞는 말이다. 정신질환 중에는 태생적으로 자연 발생 가능성이 높은 것도 있다. 그러나 이러한 사고방식이 정책으로 전환되면 과거의 탈유물론과 같은 대실패에 가까운 결과가 나온다.

우울 질환과 자살률은 빈곤과 열악한 노동환경에 신음하는 이들에게서 훨씬 높게 나타난다. 호주 원주민들이 자살로 사망할 가능성은 비원주민에 비해 두 배나 높다. 원주민 공동체 중에는 전국 평균에 비해 자살률이 최고 600배에 달하는 곳도 있다. 또한 미국 질병통제예방센터의 2015년 보고에 따르면 빈곤 가정의 중증 정신질환이 8.7퍼센트에 달한다는 결과가 나왔다. 이 모든 사실에는 분명 이유가 있을 것이다. 미국의 국민건강면담조사에 따르면 대략 연 8만 달러의 소득으로 생활하는 가구는 연 2만 달러의 빈곤선 이하로 생활하는 가구보다 이러한 질환을 앓을 가능성이 4배나 적게 나타났다. 깜짝 놀랄 정도로 딱 떨어지는 계산이지 않은가.

사람들이 스스로 죽음을 선택할 만큼 극도의 소외로 고통받을 때조차도 우리는 삶이 그저 머릿속에만 존재하는 것은 아니라는 사실을 망각하곤 한다. 물론 가끔씩은 유물론적 관점으로 세계를 보기도 한다. 우리가 사는 세계는 행복이 식수를 정화시키는 그런 탈유물론의 세계가 아니니까 말이다.

살면서 일어나는 모든 나쁜 일의 원인을 자본주의 생산양식 탓으로만 돌릴 수는 없다. 하지만 동지들이여, 지금 우리 앞에 있는 이들은, 우리가 품고 있는 나쁜 감정이나 소외감 어느 하나도 자본주의 생산양식 때문이 아니라고 주장하는 이들의 무리다.

언론은자본주의의개다

우리는 이 세계의 모든 썩은 감정이나 행위가 오로지 나쁜 사람들, 또
는 잘못된 유전자에서 비롯된다는 생각에 현혹되어 왔다. 나는 여러
분에게 성공한 직장생활을 높이 평가하는 사회에서 우리의 노동 또
는 실업 상태에 대해 한때 매우 광범위하게 퍼져 있던 조바심을 우리
가 어떻게 상실했는지 이야기하려 한다.

나처럼 언론계에 종사하는 나의 동료 얼간이들은 그 원인을 바로
여러분, 즉 밀레니얼 세대에게서 찾는다. 임금의 많고 적음은 중요치
않다고 다그치는 공공연한 우익 언론에만 해당되는 이야기가 아니
다. 자유주의 언론 역시 마찬가지다.

언론으로 밥 벌어먹고 사는 우리 같은 사람들이 엄청나게 돈을 잘
벌기 때문은 아니다. 나는 일 년에 5만 달러 정도를 버는데, 이는 국
가 전체 소득분위로 봤을 때 중간 정도이며 같은 분야에 종사하는 노
동자 사이에서는 일반적인 수준이다. 내 말의 골자는, 나와 같은 언
론계 노동자들이 동안을 유지한답시고 매일 밤 푸아그라를 목구멍으
로 밀어 넣을 수 있을 만큼 부유하지는 않다는 뜻이다. 우리는 매일같
이 우리의 보잘것없고 불안정한 임금을 통해 우리의 물질적 상태를
되새긴다.

일반 노동자와 지식 노동자가 경험하는 소외의 차이

나와 같은 지식 노동자는 문자와 이미지를 가지고 일한다. 따라서 우리는 노동 생산물로부터 철저하게 소외되어 있지 않고, 이 점에서 상당히 평범하지 않은 노동자 집단에 해당한다. 가령 책이라는 상품은 보통 출판사의 소유지만, 그 안에 담긴 내용은 내 것이다.

지식 노동자는 생산양식에 의해 소외되어 있지 않다. 이 책은 다수의 노동이 집약된 결과물이지만, 나는 내가 이 책을 썼다는 느낌을 여전히 유지한다. 작가나 저널리스트, 또는 방송인들은 생산자라는 자신의 '정수'로부터 특별히 소외되어 있지 않다. 지식 노동자 모두가 창작 행위 속에서 스스로 힘을 얻는다고 느끼며 실제로 그러하기 때문이다.

또한 다른 수많은 노동자들과는 달리 지식 노동자는 동료들로부터 단절되어 있다는 느낌을 받지는 않는다. 지식 노동자라는 지위에 따르는 엄청난 문화적 특권을 누리고 있기 때문이다. 사람들은 일반적으로 지식 노동자를 중요하다고 생각하는 경향이 있고, 그 때문에 지식 노동자들은 평범한 사람들이 맞닥뜨리고 있는 현실을 제대로 보려 하지 않는다.

그리고 설사 지식 노동자가 작업물에 비해 아주 적은 보수만을 받는다 하더라도 지식 노동자는 유능한 편집자나 출판인 등과 긴밀하게 작업하는 즐거운 경험을 누린다. 그래서 지식 노동자는 다음과 같은 식으로 반응한다. "소외? 무슨 소외? 나처럼 자기 일에서 보람을 찾는 건 어때? 계속 일을 해. 보수가 많지 않다 하더라도, 이봐, 의미 있는 일이잖아."

언론계 종사자를 노동의 엄혹한 정서적 환경에서 보호해 주는 또 다른 요인으로 그들의 생산 방식을 들 수 있다. 지식 노동자는 일할 때 사용하는 도구들을 이미 자체적으로 보유하고 있다. 일터에 있든 집에 있든 지식 노동자들은 언제나 자체적으로 읽고 쓰는 능력을 보유하고 있다. 결국 지식 노동에서 가장 중요한 부분은 바로 이 능력이다. 의미 그 자체를 창조하는 데 사용하는 도구들 말이다.

문화 창작자들은 언제나 탈유물론적 생물이었다. 그래서 대중적 사상을 만든 우리 오만한 창작자들이 이 탈유물론적 여정에 승선하는 것은 그리 놀랄 일도 아니다. 탈유물론적 세계에서는 사상이 가장 중요하다. 이는 저널리스트들이 스스로를 매우 중요하다고, 어쩌면 과학자와 테크노크라트*, 그리고 대통령 다음으로 중요하다고 생각하는 가장 큰 이유다.

저널리스트들은 최근에야 대중이 저널리스트를 중요하지 않은 존재로 생각할 뿐만 아니라 진짜 쓰레기라고 생각한다는 사실을 알고 충격에 빠져 있다. 트럼프 시위에서 저널리스트들이 스스로를 얼마나 주변인으로 느꼈는지 보도하는 기사들이 쏟아졌다. 심지어 그 일

● 특정 분야에 대한 과학적 지식이나 전문적 기술을 갖춘 이들로, 특히 조직의 의사결정에 중요한 역할을 하는 고급 관리를 말한다. 기술 관료라고도 한다.

이 마치 깜짝 놀랄 일이라도 되는 것처럼 '그들은 우리를 미워한다'고 떠들었다. 물론 고용 또는 실업 상태에서 소외된 사람들은 이런 언론인들, 특히 가장 첨예한 형태의 소외를 단 한 번도 경험해 본 적 없고 그렇기에 서민 노동자가 처한 불합리한 상황을 거의 보도하지 않는 우리와 같은 집단을 경멸하게 된다.

결국 나를 비롯한 지식 노동자들은 백화점에서 일하는 중간관리자와 비슷한 수준의 돈을 벌면서도 다른 노동자들이 할인매장에서 경험하는 잔인하고 엿 같은 소외감의 10분의 1도 경험하지 못한다. 내가 온라인상에서 악플 세례를 받는, 소위 '나대는 여성'이라는 것은 사실 별 문제가 되지 않는다. 물론 그런 악플은 끔찍하다. 하지만 인터넷을 끄고 폭넓은 대중을 상대로 그 고통에 대해서 이야기하면서 용기 있다는 칭송을 받을 수 있다는 점을 생각하면 그렇게 나쁜 것만은 아니다.

상사의 강요로 직원들을 해고해야 하거나, 찢어지게 가난한 좀도둑들을 추격해야 하거나 외상 후 스트레스 장애를 앓고 있는 수단 출신 할인 마트 계산원에게 고함을 질러대야 하는 상황에 비하면 나쁜 축에도 들어가지 못한다. 그런 엿 같은 상황을 매번 겪느니 차라리 페이스북 페이지에 '너무 못생겨서 강간할 생각도 안 든다'는 악플이 달리는 편이 낫다.

언론인이 신봉하는 얄팍한 진실

저널리스트들은 '진실'을 말하고 있다고 주장하지만, 그들이 말하는 진실은 허상에 불과하다. 《뉴욕타임즈》는 '왜 사람들이 이토록 불친절한가' 따위를 분석하는 순진하기 짝이 없는 기고문으로 빽빽하게 채워져 있다. 호주의 유력 일간지 《시드니 모닝 헤럴드》를 보면 TV에 더 많은 유력 여성들이 나와야 한다고 주장하는 탈유물론적 헛소리들이 넘쳐난다. 건방진 여성 TV 스타의 등장이 보람도 느끼지 못하는 아르바이트로 생계를 이어가는 많은 여성에게 즉각적인 영향을 미친다고 생각하는 모양이다.

하지만 문화적 다양성의 결여에 우리 모두가 아무런 책임이 없다고 할 수 있을까? 진짜로? 우리에게 영감을 주는 롤 모델과 나 자신에 대한 믿음이 내게 필요한 모든 것이고, 그것만 있으면 집주인이 주택 조사를 나와서 내가 숨을 거두는 마지막 순간을 방해할지도 모른다는 두려움 없이 죽음을 맞이할 수 있는 집을 얻을 수 있을 거라고?

현재 자유주의 언론에서 '진실'에 가장 가까운 내용은 엄청난 이윤을 논하는 금융란에서나 찾아볼 수 있다. 진짜 상실은 이 기사를 읽지 않는 사람들이 얼마나 쓸모없는가에 대한 도덕 강의에 거의 전체를 할애하고 있는 나머지 부분에서 발생한다.

뉴스 코퍼레이션, 21세기 폭스의 설립자인 글로벌 미디어 거물 루퍼트 머독Rupert Murdoch이 소유하고 있는 대부분의 우익 언론을 열렬히 구독하는 이들은 빌어먹을 사상을 가지고 있다. 그들이 소비하는 기사를 만들어 내는 저널리스트들은 쓰레기다. 나는 편협함으로 똘똘 뭉쳐 인종차별주의에 찌든 시사만평이나 그려 대던 고^故 빌 리크^{Bill Leak}의 손가락을 부러뜨리고 싶었다. 그 편이 인종차별 문제에서는 18C[•]보다 더 효과적인 백신이 되었을 텐데.

그러나 그래서는 안 된다. 온건한 지식 노동자에 불과한 내가 체력적으로 딸려서가 아니라 그런 방식은 아무런 효과가 없기 때문이다. 우리가 진짜 맞서야 할 상대는 구제불능 쓰레기인 우익 선동가들이 아니라, 자신들이 '좌파'라고 주장하지만 사실은 끓는 물에 데친 비건 머랭 과자 같은 유물론적 통찰을 다 끌어다 글을 써대는, 구름 속에 살면서 이런저런 리스트를 열거하는 식의 기사를 사랑하는 탈유물론적 이상주의자들이다.

만인을 위한 전위부대, 언론과 지식 노동자

언론이 노동자들의 이야기를 다루지 않는다면 노동자들은 언론에 귀를 기울이지 않을 것이다. 만약 언론이 하는 일이 지식계층의 사람들에게 떠들어 대는 것뿐이라면, '우리는 더 나은 사상을 가질 필요가 있다'는 공허한 외침에 관심을 기울이는 유일한 사람은 광고나 그래

• 호주의 인종차별금지법의 조항으로, 인종이나 피부색, 국가나 민족에 의한 차별적이고 공격적인 행동을 저지하는 내용을 담고 있다.

픽 디자인 전문가밖에 없을 것이다. 기업 이벤트 매니저들과 소셜 미디어 전략가들이 변화의 전위부대라고 생각한다면, 우리는 어떤 수단을 써서라도 소셜미디어 등을 통해 상호 존중하는 언어를 사용할 필요성에 대한 글을 계속 써야 한다.

민중들의 삶에 영향을 미치고 싶다면 그들이 일하는 곳을 들여다보아야 한다. 그들은 소매점에서, 공사 현장에서, 보건 현장에서 일한다. 싸구려 노인 요양 시설에서 일하는 요양사의 하루를 상상해 보자. 그는 인간을 소외시키는 공장 노동에 수십 년 간 시달린 끝에 몸도 마음도 피폐해진 한 노인의 목욕 시중을 막 끝내고 돌아온 참이다. 그런 그에게 어째서 사람들이 인생의 중요한 것들을 이해하지 못하는지 같은 문제를 논하는 당신의 글이 의미가 있을까?

이것이 '탈진실'이 아니라면 나의 남자 카를은 꿈의 구름성에 사는 공주에 대한 우화들을 집필한 사람일 것이다.

우리는 우리 자신의 소외에 맞서서 싸우고 있다. 우리는 개발도상국에 사는 우리 동지들의 삶을 위하여 싸우고 있다. 우리는 자유로운 시간으로 충만한 공산주의 미래를 위하여 싸우고 있다. 미래의 어느 날, 우리가 주 6시간 일자리를 얻기 위한 면접 자리에서 당신의 최대 약점을 말해 보라는 질문에 우리가 한때 자본주의를 믿었노라고 답할 그 미래를 위해서 말이다.

━━ 제5장 ━━

왜 여성의 노동력은
더 저렴할까?

마르크스주의에 페미니즘은 없다

만약 여성에 관한 이번 장을 가장 먼저 읽는다면 실망할지도 모르겠다. 한 가지만 툭 까놓고 이야기하자. 마르크스주의가 모든 성차별을 바로잡을 수는 없다. 마르크스주의는 어느 누구에게도, 심지어 여성들에게조차도 그들의 정체성에 대해 특별한 사상을 지니도록 격려하는 사상이 아니다. 마르크스주의에서 이런 내용은 아예 논외다.

마르크스주의는 다양한 정체성을 가진 우리 노동자들이 함께 힘을 모아서 우리가 쌓은 풍요를 되찾아야 한다고 주장한다. 이 단결의 순간에 성별의 구분, 또는 기타 어떤 정체성의 구분도 우선순위가 되어서는 안 된다. 생산양식의 변화라는 더 위대한 무언가를 이루기 위해 이러한 희생을 치르는 것이다. 기존에 사적으로 소유하고 관리하던 물건들은 우리 모두의 집합적 소유가 된다. 설령 이 과정에 개인적으로 참여하지 않았더라도, 애초에 이 모든 것은 우리의 집합적인 몸과 마음으로 만들어냈기 때문에 아무런 문제가 되지 않는다.

우리는 이러한 과정을 이미 지나왔다. 하지만 너무나도 많은 경우 마르크스의 전체주의적 성향을 불편해하는 이들에게 다시 한번 상기시켜 줄 필요가 있겠다. 우리의 절대적인 단결로 이루어 낼 이 세계의 변화는 우리가 이룩할 필요가 있는 변화다. 우리는 굶주린 자에게 먹을 것을 주는 동시에 끝도 없는 이 지루한 일상에서 스릴을 느끼기를 원한다. 그렇지 않은가?

마르크스주의는 배고픈 자와 지루한 자가 배부르고 즐겁게 살 수 있는 미래를 함께 결정하는 것, 엄청난 부나 권력을 갖지 않아도 개인의 참된 가치를 이해하고 서로 다가가는 미래를 의미한다. 마르크스는 우리 모두가 매일 행복한 삶을 자유롭게 즐길 수 있기를 원한다. 다른 누군가가 해줄 때까지 빈둥대는 것이 아니라 말이다.

또한 물질의 역사가 어떻게 멍청한 사상을 낳는지 설명한 이 책의 첫 번째 장을 읽지 않은 되바라진 페미니스트들에게 마르크스주의란 여성에 대한 거대하고 어리석은 차별적 사상의 생산 및 배포의 일시정지를 의미한다. '여성은 태생적으로 파스텔 색 주방 싱크대에 마음이 끌리는 생물'이라거나 '어린 여자들은 납땜용 인두나 낚싯대, 또는 세계의 미래를 믿고 맡길 만하지 않다'같은 멍청한 사상들 말이다. 이런 사상은 자본주의 체제하에서만 생산된다.

마르크스주의는 더 나은 무언가를 위한 자본주의의 종식, 그리하여 이러한 사상이 더 이상 생산되지 않는 것을 의미한다. 그러나 불행히도 이것이 우리가 성차별주의라 부르는 온갖 행태의 종식을 의미하지는 않는다. 그것이 가능하다고 말하는 마르크스주의자는 거짓말쟁이일 가능성이 아주 높다.

마르크스주의와 페미니즘 사이에서

일부 마르크스주의자들은 자본주의의 종식과 함께 여성과 남성 사이에 존재하는 모든 비우호적인 관계가 완전히 사라질 것이라는 거짓말을 하기도 한다. 그들이 무조건적으로 떠들어 대는 이런 말에 너무나 감동한 나머지 나는 이들의 모임에서 발을 빼고 말았다.

내 눈에는 그들이 코미디 같은 역사를 되풀이할 준비를 하는 것처럼 보인다. 진심으로 자본주의 이전에는 성차별주의가 없었다고, 자본주의 이후에는 성차별주의가 존재하지 않을 것이라고 생각한단 말인가? 저 강간이, 매일같이 자행되는 폭력적 행위가 전적으로 생산양식 때문이라고? 성별 간의 구분을 상당히 잘 인식하고 있었던 마르크스는 단 한 번도 그런 주장을 한 적이 없다. 동지여, 가혹한 현실을 잊으려 공산주의 재떨이를 채우고 담배 한 모금에 근심을 날려 보내기 위해《자본론》을 이용해서는 안 된다. 《자본론》은 읽으라고 있는 것이다.

마르크스주의 프로젝트가 모든 성차별을 해결할 수는 없으며 앞으로도 페미니즘이 필요할 것임을 전제로, 탈자본주의 세계에서 여성으로, 또는 비여성으로 사는 경험에 대해 상상해 보기 전에, 다시한번 노동자라는 전체에 대해 기억을 떠올려 보자. 우리는 모두 노동자다. 1퍼센트의 1퍼센트에 들어가지 못하는 우리 모두가 그렇다. 심지어는 우리가 개인적으로 좋아하지 않는 사람들조차도.

진정한 저항의 때에 노동자들은 함께 일어설 것이다. 동성애자인 눈먼 중년의 여성 마르크스주의자들이 트럼프를 찍은 녀석들과 협력할 것이다. 트럼프를 찍은 백인 녀석들이 히잡을 쓴 갈색 피부의 여성들과 함께 연대하고, 또한 원주민 동지들과 함께 설 것이다. 마음에 들지 않을지라도, 우리 모두는 너무나 오랫동안 변하지 않았던 거대한 분열, 사적 소유라는 분열을 무너뜨릴 때까지 충분한 시간 동안 우리의 수많은 문화적 구분과 정체성의 구분을 접어 두자는 데 뜻을 같이 할 것이다. 우리는 이를 성취하기 위해 단결할 것이다.

이렇게 해야만 거사를 치를 수 있다. 다른 방식으로는 불가능하다. 이들과 어떤 공통의 유대감도 느끼지 않으면서 전 세계 모든 노동자에게 멋진 물질적 삶을 선사하겠다고? 미안하지만 그건 불가능하다.

그렇다고 마르크스주의자들이 이러한 정체성의 구분을 지워 버리거나 성별(또는 기타 다른 정체성)에 기반한 공격 행위에 면죄부를 준다는 의미는 아니다. 마르크스주의자는 오로지 투쟁 기간에만 단결을 위해서 이러한 정체성의 구분을 지울 뿐이다.

파란 페미니즘, 빨간 페미니즘

자유주의적 성향의 아가씨는 우리 마르크스주의자들이 그토록 해답에 목말라하는 '전 세계의 누구나 충분한 식량을 가지고 있는가' 같은 총체적 문제는 조금도 생각지 않고 모든 경우에 성별 구분을 지우려 한다. 이러한 자유주의적 페미니스트들은 평등이 경쟁할 권리 이상의 어떤 것을 의미한다는 점을 진지하게 생각하지 않는다.

이런 논리는 비욘세의 노래 〈무결점Flawless〉에서도 찾아볼 수 있다. 비욘세는 MTV 뮤직비디오 시상식에서 '페미니스트'라 쓰인 수 미터 높이의 무대장치 앞에서 공연한 것으로 유명하다. 이 곡은 여성들이 결혼에 대한 억압에서 해방되어 경쟁에 나설 수 있기를 바란다고 이야기한 나이지리아 작가 아디치에Chimamanda Ngozi Adichie의 글귀를 샘플링해서 작사되었다. 아디치에는 '경쟁은 바람직하다'고 말한다.

자유주의적 페미니스트들은 공평한 경쟁에 대해서, 그리고 여성이 임원진에 들어갈 필요성에 대해서 끊임없이 호소한다. 그들은 부의 불평등이나 사적 소유를 문제 삼지 않는다. 그들은 자신들에게 주어질 불평등한 몫의 부를 보장하기 위해 평등한 권리를 가질 기회를 모든 여성들에게, 혹은 전 세계 모든 이들에게 주어야 한다고 주장한다. 그들은 이 사회가 '능력'을 보상하는 사회가 되어야만 한다고, 우리가 성차별주의나 기타 다른 문화적 편견을 제거하기만 하면 자연스럽게 페이스북 최고 운영자인 셰릴 샌드버그Sheryl Sandberg 같은 발칙한 여성에게 최대한의 보상이 흘러갈 것이라고 생각한다.

그들은 불평등이 필연적이며, 자연 상태를 반영한 자본주의 생산양식에 따라 누군가는 배고픈 상태로 남겨질 수밖에 없다고 여긴다. 그들이 제시하는 이념은 아주 약간만 수정된 자본주의다. 그들은 성차별주의가 '부자연스러운' 것이라고 말하는 한편 다른 이들과 경쟁하고 다른 이들의 노동에서 이윤을 취하는 행위는 '자연스러운' 것이라고 말한다. 어떻게 어떤 형태의 억압은 자연스럽고 다른 억압은 자연스럽지 않다고 주장할 수 있는지 도무지 이해가 가지 않는다. '생각하지 않는' 기술을 필요로 하는 기업에 수십 년간 헌신해 왔기 때문이 아닐까 추측할 뿐이다.

페미니즘 가운데서도 현재 가장 지배적인 위치를 차지하고 있는 자유주의 페미니즘은 불평등이 문제가 되지 않는다고 주장한다. 다만 그 불평등은 성별이 아니라 타고난 능력에 의해 결정되어야 한다고 말한다. (앞으로 누구든 여러분 앞에서 '능력주의'를 거론하면 큰 소리로 비웃어 주길 바란다.)

자유주의적 페미니스트 중에도 고통에 조금 더 민감한 이들이 있다. 이들을 좌파 자유주의자라고 부를 수 있겠다. 이들은 빈곤이 문제라고 인식은 하지만, 이 문제가 필연적으로 성차별주의나 인종차별주의 같은 요소에 매여 있다고 이해한다. 실제로 세계에서 가장 가난한 이들은 가장 피부색이 어두운 사람들과 가장 여성스러운 사람들이다. 그러나 마르크스주의자의 견해에서 보자면 자본주의 체제 하에서 빈곤이 필연적이라는 것 역시 사실이다.

마르크스주의자는 (그리고 자본주의의 본질을 정직하게 인정하는 사람은 누구든지) 부의 불평등 없이 자본주의를 유지하기란 불가능하다고 말한다. 그러나 우리가 다른 사람의 이윤을 위해 자신의 몸과 마음을 포기하는 데 동의하지 않는다면 자본주의는 끝난다.

우리가 전 세계 곳곳의 모든 학교에서 (미국의 폭격으로 학교가 폐허가 되어 버린 곳에서조차) 교육을 통해 모든 성차별과 인종차별을 없앤다 할지라도 자본주의 생산양식은 여전히 유지된다. 자본주의 생산양식은 물질적 불평등과 특정 이데올로기를 필요로 한다. '이들은 열심히 일하지 않았기 때문에 아무것도 갖지 못한 것'이라고 말하는 이데올로기 말이다.

솔직히 말해서 우리가 어떤 집단에 대해서든 (코가 작은 사람들이든 눈에 띄게 활기차지 않은 사람들이든, 또는 백인이고 남성인 사람들이든 간에) 위와 같은 말을 선뜻 내던지는 일이 어떻게 더 나은 방향이라고 생각하는지 나는 정말 이해할 수가 없다. 만약 우리가 인종차별이나 성차별이 빈곤을 낳는다고 주장하면서 정작 빈곤이 자본주의의 가장 크고 중요한 폐단이라는 사실을 깨닫지 못한다면, 우리는 이미 그 생각 자체로 자본주의가 멋지게 작동할 수 있다고 인정하는 셈이다. '사람들이 서로에게 아주 조금만 더 친절하기만 하면 좋을 텐데' 같은 생각을 하면서 말이다.

스스로 마르크스주의자라고 주장하는 페미니스트도 있다. 대표적인 인물이 영국 작가인 로리 페니^Laurie Penny로, 그는 유물론적 좌파가 생산수단을 쟁취하기 전에 모든 문제를 문화와 정체성이라는 주제에 따라 분류해야 한다고 생각한다. 이러한 마르크스주의 페미니스트들이 마르크스주의에 대해 제기하는 가장 공통된 비판은 '지나치게 마르크스주의적'이라는 것이다.

온라인에서 〈우리는 좌파다^We Are The Left〉라는 공개서한을 확인할 수 있는데, 이 성명서의 서명자 거의 전부가 페미니스트다. 이들은 좌파가 생산수단을 장악하기 전에 개인 내면에 존재하는 성차별주의, 인종차별주의, 트랜스젠더 혐오주의를 타파해야 한다고 말한다. 자본주의와 근엄한 대화를 나누기 전에 먼저 서로에게 이야기하는 법을 배워야만 한다는 식으로 말이다.

분열의 종식을 위한 투구

마르크스주의자에게는 맥 빠지는 일이 아닐 수 없다. 이런 분열적인 사회 조직이 사라지기를 원치 않아서는 아니다. 우리는 오랫동안 그 종식을 위해 투쟁해 왔다. 우리 마르크스주의자들은 "각자를 위한 자유는 모두를 위한 자유"라고 말하며 진심으로 그렇게 믿는다. 백인이 아닌 사람들이나 남성이 아닌 사람들을 배제하는 토머스 제퍼슨 스타일의 조항은 없다.

특히 독신주의 성향을 띠던 엥겔스를 비롯한 마르크스주의자들은 많은 여성들에게 너무나 큰 고통을 주고 있는 공동체 단위인 가정의 당연함을 믿지 않았다. 마르크스주의자는 사회 분열을 변화시키려면 반드시 모두가 단결해서 생산양식을 변화시켜야 한다고 믿는다.

우리 마르크스주의자들은 분열을 경멸한다. 우리는 각자의, 그리고 모두의 삶이 지나치게 많은 노동과 지나치게 심각한 소외, 그리고 지나치게 적은 여가 시간 등에 구애받지 않고 우리 각각이 무엇을 하고 싶은지 고민할 수 있는 세상을 추구한다. 우리는 문화나 정체성에 따른 차별이 어떻게 형성되고 확산되는지 이해하기 위해 애쓴다.

이런 것들은 언제나 우리가 '토대'라고 부르는 것의 문제, 즉 생산 세력과 그 관계로 인해 야기된 문제는 아니지만 최소한 반쯤은 그에 관한 이야기다. 이들은 언제나 존재한다. 그러니 자본주의의 더러운 배경을 살균하지 않고도 사람들의 머리를 정화할 수 있는 척하는 건 그만두기로 하자.

짜증 나는 "이건 어때" 전술에 말려들지 마라

토대는 문화와 정체성, 그리고 우리 마르크스주의자들이 '상부구조' 라 부르는, 때로는 멋지지만 대부분은 끔찍한 모든 것들을 형성한다. 상부구조는 다시 토대에게 이야기한다. 토대는 듣는다. 그러나 토대 가 지배적이다. 토대가 처음이자 마지막 결정권을 갖는다. 심지어 위 대한 평론가인 발터 벤야민조차도 조악한 유물론적 사물은 '그것이 없이는 어떤 정교하고 영적인 것도 존재할 수 없는 어떤 것'이라고 말 한다. 그리고 이 망할 녀석은 자기 문화를 정말 사랑했다.

토대를 가장 간단하게 설명하자면, 생존을 위한 샌드위치가 충분 하지 않으면 문화와 정체성을 주장할 방법이 없다는 이야기를 들 수 있다. 호밀빵 파스트라미 샌드위치 없이는 퀴어^{queer}로 산다는 것이 어떤 의미인지를 알 수 없다.

만약 상부구조가 토대를 낳는다고 생각한다면, 안타깝게도 당신 은 아직 마르크스주의자가 아니다. 우리가 법과 언어와 문화적 감수 성을 바꿔야만 토대가 제자리를 잡을 수 있다고 생각한다면, 당신은 마르크스가 평생을 바쳐 전복시키려 했던 자유주의 철학자들과 마찬 가지로 마르크스를 뒤집어 버린 것이다.

토대가 모든 것을 결정한다

진정으로 행복한 삶을 위해 절실하게 필요한 것이 우호적인 말솜씨와 풍부한 감수성, 그리고 자기계발 TV 프로그램이라고 생각할 수도 있다. 인권 감수성이 뛰어난 유명인이 대중에게 페미니즘적 영감을 주고, 더 나아가 집합적으로 소유한 유물론적 세계라는 논리를 이해시킬 수 있는 이야기나 노래를 선사할 것이라고 믿을 수도 있다.

그러나 이런 식으로 생각하고 있다면 당신은 마르크스주의자가 아니다. 물론 그래도 당신은 스스로를 마르크스주의자라고 부를 수 있다. 뭐든 있어 보이는 명칭으로 스스로를 지칭하라. 그러나 마르크스가 이 상부구조와 토대의 총체적 상관관계를 논하는 글을 썼다는 사실은 알아 두기 바란다.

만약 당신이 이를 자기 입맛에 맞는 다른 것으로 바꾸고 싶다면 굳이 힘들여 마르크스를 읽을 필요가 없다. 분명히 말해 두는데, 그의 사상은 차라리 악몽에 가깝다. 《자본론》은 결단코 재미있는 책이 아니다. 책을 읽어서 토대를 바꿀 수 있다는 헛된 희망으로 괜한 수고하지 말고 잠이나 푹 자는 것이 낫다.

나는 정말 진지하게 이야기하는 것이다. 토대가 상부구조를 결정한다는 견해에 동의할 수 없다면 굳이 자신이 마르크스주의자인지 아닌지 확인하러 애쓸 필요가 없다. 스스로가 마르크스주의자인지 확실하게 아는 유일한 방법은 마르크스를 진지하게 읽는 것뿐인데, 나조차도 내가 과거에 그럴 필요가 없었다면 얼마나 좋았을까 진심으로 생각한다. 정말 어렵다. 그리고 두껍다. 잠이 오기도 한다. 그러다가 마르크스에 빙의해 그의 눈으로 보게 되면 다시 정신이 들곤 한다.

　마르크스도 여러 서한에서 다른 일을 하고 싶다는 바람을 피력했다. 자본주의를 비판하는 역할을 맡고 싶어 한 사람은 아무도 없었다. 차라리 술에 취해 문화 현상에 대해 떠들어 대는 것이 낫다. 내가 이윤율 저하 경향 같은 복잡한 개념을 이해하려고 머리를 싸매는 행위를 즐긴다고 생각하는가? 차라리 포크로 내 멍청한 머리를 찌르는 게 나을 것이다. 그렇지만 '자본주의가 이미 날 계속 쿡쿡 찌르고 있는데, 뭐 어때. 거기서 거기지' 하고 마르크스를 읽기 시작한 것이다.

　나는 지금 40대 후반이고, 아마 오래 살지는 못할 것이다. 그러니 억압적인 자본주의의 포크가 가슴에 깊이 박힌 채 시신으로 발견되기 전에, 스스로 진보주의자라고 생각하는 사람들 중 일부에게라도 '모든 것의 시작은 토대'라는 것을 설득할 수 있으면 좋겠다. 맛있는 샌드위치를 먹기 전에는 문화와 정체성에 대한 영양가 있는 대화를 할 수 없다. 굶주린 동지는 성별 대명사의 본질을 논할 수 없다.

날조된 페미니즘의 역사

　성별 대명사에 관한 토론이 무의미하다는 꼴사나운 소리를 하려는 것이 아니다. 이는 우리가 반드시 이야기해 보아야 하는 주제다. 우리가 어린 시절 부모님에게서 자주 들었던 '그것보다 이게 더 중요해' 같은 논리가 아니다.

부모들은 자녀가 퀴노아 먹기를 거부하면 "아프리카의 굶주리는 아이들을 생각하렴"이라고 말한다. 심지어 자녀가 성인이 되어서도 이런 잔소리를 한다. 식량이 없어서 굶주리는 사람들이 존재하는 한 잘사는 나라에 사는 이들은 모든 형태의 문화적 고문을 얌전히 수용해야 한다는 식이다. 우리가 성 중립적인 화장실을 사용할 수 있는지, '그he'라는 대명사를 '그들them'로 대체할 수 있는지 등의 문제를 고민할 때가 아니라고 말이다.

'진정한 투쟁'이 진행 중일 때 당신들의 투쟁은 아무 의미도 없다고 말하는 이들은 악당이나 다를 바 없다. 이런 '그것보다 이게 더 중요해'라는 식의 논리는 보수주의자들이 너무나도 흔하게 전개하는 전술로, 이들은 자기에게 유리할 때만 빈곤이나 LGBTI 권리, 중동 여성들의 페미니즘 같은 전통적인 좌파의 명분을 들이대곤 한다.

나는 '정치적으로 덜 올바를 것'을 요구하는 것이 아니다. 부디 토대와 상부구조가 서로 어떻게 얽혀 있는지 살펴보라. 지구상의 모든 노동자를 단결시키는 단 하나의 방법은 자본에 대한 그들의 종속 상태를 일깨우는 것이다. 자본 축적에 도움을 주는 자산이나 우리가 흔히 생각하는 사회적 관계의 구성요소 등은 조금도 도움이 되지 않는다.

나는 여러분에게 "이게 나쁘다고 생각한다고? 그래, 그럼 이건 어떻게 생각해?"라는 식의, '그것보다 이게 더 중요해' 시합을 하라고 요구하는 것이 아니다. 이런 천박한 스포츠는 주변에 젊은 무슬림 여성이 있을 때면 갑자기 신통한 젠더 이론 학자로 변신하는 우익 인종차별주의자 쓰레기에게나 맡겨 두자. 그들은 "당신들도 그 끔찍한 히잡을 쓰고 다니는 걸 원치 않잖아. 자, 그걸 찢어 버리자"라면서, "서구 여성들은 당신을 돕지 않을 거야. 하지만 내가 당신을 도와줄게"라는 식으로 날조된 범국가적 페미니즘을 들이댈 것이다. 그러고는 지금까지 그랬고 앞으로도 영원히 여성 사제는 허용하지 않을 자기 교회로 꺼져 버리는 식이다.

'그것보다 이게 더 중요해' 게임은 역사가 길다. 이 게임은 참여자가 존재하는 한 항상 우리 주변 곳곳에 산재해 왔다. 다시 말해 자유주의 역사 전체에 걸쳐서 이어진다. 19세기 영국의 식민 지배하에 있던 이집트의 총독 크로머 경Lord Cromer은 영국의 여성 참정권 반대 남성 동맹Men's League for Opposing Women's Suffrage의 창설 멤버였음에도 불구하고 무슬림 여성들의 베일을 벗겨야 한다고 주장했다. 그는 이집트 무슬림 여성들을 억압으로부터 해방시키고 싶어 했다. 여성의 해방을 부정하는 수단을 자각한 바로 그 순간 여성 해방에 관심을 갖게 되었다고? "나는 당신의 정체성을 나타내는 가장 가시적인 상징을 빼앗음으로써 당신을 자유롭게 한다"라니, 참 감사하기도 해라, 인종차별주의 위선자 백작님 같으니라고.

크로머 경의 행동은 두말할 필요 없이 분열을 촉진시키는 것이었다. 그러나 마르크스주의가 자본주의 하에서 추구하는 것은 우리 모두를 노동자로 다시 한번 단결시키는 것이다.

더 많이 누릴 자격이 있는 사람은 없다

요즘 들어 '뉘앙스'라는 단어가 자주 사용된다. "그건 별로 뉘앙스 있는 주장이 아닌데"라거나 "뉘앙스를 이해하지 못하네" 등이 내가 온 사방에서 접하는 주된 두 가지 비난이다.

모든 여성이 질을 가지고 있는 건 아니라는 생각은 뉘앙스가 좀 다른 것이다. 모든 여성이 립글로스 없이는 생활할 수 없다고 생각하는 건 뉘앙스가 좀 다른 것이다. 비단 페미니즘에서만이 아니라 모든 곳에서 우리는 '뉘앙스'가 시급히 필요하다는 말을 듣는다. 마치 이 세계에 거주하는 모든 이의 개인사를 먼저 이해하는 것만이 이 세계를 바로잡을 수 있는 방법이라고 생각하는 것 같다.

이 용어는 일반적으로 정부 기관이나 마르크스주의 등 거대한 존재가 뉘앙스를 결여하고 있음을 설명하기 위해 부정적인 방식으로 사용된다. 반면 개인이나 소규모 집단 같은, 상대적으로 작은 존재에 대해 사용할 때는 긍정적인 색채를 띤다.

'뉘앙스'라는 말이 실없는 용어라거나 이런 주장이 어리석다고 말하는 것이 아니다. 실제로 '뉘앙스'를 결여한 이해는 많다. 가령 파푸아뉴기니의 산호섬인 트로브리안드 군도의 문화적 관습에 대한 나의 이해는 20세기 시각예술에 대한 이해만큼이나 뉘앙스가 결여되어 있다. 만약 내가 이러한 주제들 중 하나(솔직히 털어놓자면 대부분의 다른 주제에 대해서도)에 대해서 장황한 말을 늘어놓는다면, 나에게 뉘앙스가 부족한 것이다.

뉘앙스가 부족하다는 말의 뜻은?

'뉘앙스의 결여'란 아주 미세한 세부 사항에 기반하는 지식에 적용할 수 있는 비판이다. 세상의 거대한 사물이나 규모가 큰 제도에 대해서는 그다지 유용한 비판이 아니다. 가령 "저 은행은 뉘앙스가 부족해"라는 비판은 아둔한 표현이다. 은행처럼 대규모로 사람을 고용하고 물건 등을 구매하는 이들은 원리원칙에 집중할 수밖에 없기 때문이다.

그렇다고 마르크스주의가 '규정'에 집중해야 한다는 뜻은 아니다. 마르크스주의는 자본주의의 역동적인 체제에 대한 역동적인 사고방식에 집중한다. 거대한 체제는 결코 단순할 수 없다. (마르크스가 진정으로 원했던 것은 와인을 마시며 소설을 읽는 것이었음에도, 그는 자본의 복잡하고 지배적인 행위를 설명하는 데 일생을 바쳤다.) 다시 말해 '뉘앙스'는 많은 이들이 기대하는 완전한 이해로 이어지지 않는다.

"그 주장은 뉘앙스가 부족해"라는 말은 일반적으로 그 주장에 동의하지 않는다는 뜻으로 사용된다. 나는 개인적으로 "당신 주장은 개소리야"라는 말을 듣는 편을 더 선호한다. 현재 페미니즘 담론을 중심으로 개인에 대한 뉘앙스가 넘치는 이야기들이 인기를 얻고 있다. 그러나 이런 세부적인 이야기들이 합쳐져서 하나의 거대한 혁명의 기반이 된다는 생각이 내게는 당황스럽게 느껴질 따름이다.

목표는 유리 천정을 깨는 것이 아니다

여성들 사이에 널리 퍼져 있는 어떤 믿음이 있다. 모든 사람이 자기 목소리를 낼 수 있는 공간을 만들면 뉘앙스가 저절로 생겨날 것이고, 그러면 부유하고 젊은 이성애자 백인 여성만이 아니라 부유함이나 피부색, 성적 지향 등과 관계없이 모든 여성이 다 유리 천정을 깰 수 있다는 것이다.

유리 천정이라니. 자유주의적 성향의 페미니스트들이 이 건축 용어를 언급하지 않겠다고 약속해 주기만 한다면 일 년 동안 내 거기에 거미줄이 치도록 사용하지 않겠다고 맹세할 수도 있을 것 같다. 천정이 존재한다고 말하는 행위는, 설사 이것이 반드시 부수어야 하는 것이라 할지라도, 아무런 의심 없이 신분 상승이라는 개념을 인정하는 것이다.

이보다 자본주의 색채가 덜한 운동이나 투쟁이라 하더라도 일종의 신분상승을 목표로 하는 경우가 너무나 많다. 다른 소수자 운동에서와 마찬가지로 페미니즘에서도 이런 일이 벌어진다.

2016년 미국의 중도파 언론인이자 작가인 라이어널 슈라이버^{Lionel}

Shriver는 호주의 브리즈번 작가 축제Brisbane Writer's Festival에서 문화적 도용*에 대한 비판으로 전 세계 언론의 헤드라인을 장식했다. 슈라이버는 자신이 원하는 주제라면 어떤 내용이든 쓸 수 있도록 '허용되어야만' 한다고 여겼다.

호주 방송에서 활동하는 수단 출신의 젊은 자유주의자 활동가 야스민 압델 마지드Yassmin Abdel-Magied는 이 주장에 분개했다. 내 생각에 그녀가 치를 떨었던 부분 중 하나는 슈라이버가 자기 자신을 '정치적으로 올바른' 일부 집단에 의해 특정 주제에 대한 집필을 금지당한, 뛰어난 작가로 표현했다는 점이었던 것 같다.

압델 마지드의 견해는 일리가 있었다. 태어난 땅의 전통으로부터 벗어나기 위해 서구 전통에 대한 의무적 경배의 세계로 들어서야 했던 무슬림 여성들이 자신의 영역을 개척하기란 너무나 어렵다는 지적은 정확하다.

그러나 우리는 이렇게 논쟁의 여지가 있는 영역의 본질을 들여다보아야만 한다. 슈라이버의 연설이 진행된 공간은 모든 사회 구성원을 위한 공간이 아니었다. 그녀가 주장한 바 역시 만인을 위한 투쟁이 아니다. 슈라이버는 오직 문학 축제에 참석한, 강연으로 보수를 받는 작가들을 위한 주장을 했을 뿐이다.

● 문화적 전유라고도 불리며, 다른 문화의 요소를 그 문화에 속하지 않은 사람이 가져와서 사용하는 것으로, 특히 지배적 문화의 구성원이 소외된 소수 문화를 전용하는 경우 논란이 된다.

우수한 사람은 더 많이 누릴 자격이 있다는 신화

그다지 내키지는 않지만, 오늘날 모든 이들이 자신의 정체성의 뉘앙스를 수호할 '권리'에 집착하고 있다는, 지극히도 평균적인 사상가 슈라이버의 주장은 어느 정도 일리가 있다. 물질적 지배에 대한 도전 없이는 결코 문화적 지배에 도전할 수가 없다. (표준 통화 단위를 제시하는 국가가 전 세계에 자신의 문화를 주입하는 국가라는 것은 우연이 아니다.) 또한 문학 축제에 초청받는 이들은 언제나 소수일 수밖에 없으며, 무대 밖 사람들은 그들이 무대에서 향유하는 권력의 혜택을 나눠 갖지 못한다.

모든 이가 최고의 자리에 오를 수는 없다. 유리 천정이 깨어진다 하더라도 최고를 향한 등반은 암묵적으로 남아 있다. 진정한 공산주의 생산양식이 도래해 집단적으로 조직을 소유하고 관리할 때까지 소유자와 관리자의 자리는 언제나 소수의 것일 수밖에 없다.

가난한 노동자인 내가 왜 암사자를 위한 먹이를 고민해야 하는가? 어떤 여성이 노동자인 내가 쓴 책 덕분에 발전하고 성공해서 자신이 모든 여성에게 기꺼이 어깨를 제공하는 거인이 되겠노라고 주장한다고 해서 그게 나나 다른 여성들에게 무슨 이익이 되겠는가. 성공 시스템에서 살아남는 방법에 관한 따분한 잔소리에 불과할 따름이다. '능력'에 맞게 보상한다는, 그래서 어떤 사람들은 그저 타고난 자질이 뛰어나 더 많이 누릴 자격이 있노라 믿게끔 하는 것, 그것이 바로 성차별주의의 형태를 가진 사회조직의 모습이다.

모든 여성의 삶에 존재하는 자본주의

정서적인 차원에서 우리 여성들의 내면에서 어떤 일이 벌어지는지 나 역시 너무나 잘 알고 있다. 성공한 여성들의 책에서 그들이 이루어 낸 수많은 신분 상승 이야기들을 접할 때면 우리는 잠시나마 담대한 용기를 느낀다. 이 여성들은 우리가 그들에게 '공감'할 수 있을 만한 이야기들을 들려준다. 그들 역시 남성의 시선으로 인한 고통과 살이 찔지도 모른다는 공포를 느꼈지만 이를 분노로 바꾸었으며 더 나아가 성공으로 승화시켰다는 이야기들 말이다.

여성이 여성을 위해, 그리고 여성에 대해 들려 주는 이러한 이야기들 속에서 우리는 전혀 '뉘앙스'가 가미되지 않은 두 체제의 융합을 볼 수 있다. 먼저 여성이라면 누구나 겪는 가부장제 하에서의 고통에 대한 일상적인 이야기들을 본다. 다음으로 가부장제가 자본주의자의 권력과 성공한 유명 인사의 권력을 내려다보는 모습을 본다.

너무나 많은 페미니스트 여성들이 막대한 부와 권력을 추구하는 것에 대해서 전혀 부끄러워하지 않는다. "나는 돈을 사랑해"라거나 "나는 다른 이들을 격려하는 것이 좋아"라고 말하면서 그들의 돈과 권력이 너무나 많은 타인의 부와 권력을 부정하는 체제에 의존하고 있다는 사실은 거의 들여다보지 않는다. 결국 자본주의 생산양식과 자본주의 사고방식하에서 소수를 위한 자유는 모두를 위한 자유의 기만을 낳을 뿐이다.

카리스마적 권력 또는 돈의 권력을 만끽하고 있는 이들에게 죄책감을 가져야 한다고 비난하려는 것이 아니다. 우리가 너무나 자주 마주하는 "나는 그럴 가치가 있어"라는 주장을 점검해 보라는 요구를 하는 것뿐이다. 물론 마르크스주의자도 동의하듯이, 모든 사람은 그럴 가치가 있기에 당신 역시 '그럴 가치가 있다.' 그러니 그럴 가치가 있는 지구상의 모든 이들이 응당 자신들이 받아야 할 바, 즉 행복한 삶을 보장받도록 만들자.

지금 여러분이 누리고 있는 권리를 포기한다고 다른 이들에게 행복한 삶을 줄 수는 없다. 그러니 죄책감을 느낄 필요는 없다. (금융 업계 종사자가 아닌 한 말이다.) 여러분과 똑같이 '그럴 가치가 있는' 다른 사람들이 어떤 가치도 없는 것처럼 취급된다는 데 여러분이 직접적으로 책임이 있는 것도 아니다.

하지만 자본주의가 모든 여성의 삶에 미치는 영향을 점검하지 않은 채 계속 페미니스트로 행세한다면, 당신은 아주 소수만을 위해 아주 적은 역할만을 하게 될 것이다. "단 한 사람에게라도 도움이 된다면 나는 만족해"라고 반박한다면 내가 더 할 말은 없다. 그러나 나는 아니다. 단 한 사람에게만 도움이 되는 건 성취에 한참 미달하는 것이다.

돈을 많이 벌면 차별을 극복할 수 있을까

전형적인 여성의 역경에 대한 글을 읽다 보면 "어떻게 해야 생계를 유지하면서 아이들도 돌볼 수 있을까요?"라는 질문이 날아온다. 이에 대해 뭔가 그럴싸한 대답을 해주자면 다음과 같다. "우리 모두가 일주일에 10시간만 일해도 되는 공산주의 생산양식의 쟁취를 위해 투쟁하라." 단순하지만 진실이니까. 마르크스주의자가 (우리 역시 타협을 한다. 그렇지 않았더라면 하루 8시간 노동조차 얻어 내지 못했을 것이다) 현실의 자본주의 상황에 맞게 대답한다면 "우리는 임금 수준에 관계없이 모든 가정이 최고 수준의 보육 서비스를 저렴한 가격으로 누릴 수 있는 날을 위해 투쟁해야만 한다" 정도가 아닐까.

나를 예로 들자면 아이를 가질 것인가 하는 문제 자체가 자본주의에 의해 결정되었다고 볼 수 있다. 가임기 거의 내내 내가 그럭저럭 먹고살아 온 소득 수준이 나에게 준 답은 아이를 갖지 말라는 것이었다. 내 몸뚱이 하나 건사하기도 힘겨웠던 내게는 여성으로서 겪는 문제 운운하는 것 자체가 사치스러운 일이었다. 그렇다고 "정말 간절하게 원했다면 가능하게 만들 수도 있었어" 따위의 말은 하지 마라. 지금쯤이면 내 난자들은 거의 계란프라이 수준으로 쪼그라들었을 것이다. 게다가 좀 삐딱한 관점이기는 하지만, 내가 돈 버는 방법을 알기 위해 《자본론》을 읽고 있는 동안 내가 감당할 여력도 안 되는 값비싼 나의 체외수정 아기는 누가 돌봐 줄 것인가?

나는 그래도 운 좋은 경우에 속한다. 평균 수준의 소득을 벌고 있으니 말이다. 연 5만 호주 달러의 소득으로 엄마 혼자 아이를 키우는 것도 감당할 수 없다면, 나보다 수천 달러는 더 적게 버는 소매업계에서 일하는 여성은 아마 자궁을 팔아 버려야 할 것이다.

이처럼 도처에서 만날 수 있는 흔한 페미니스트들의 토론에서 자본주의 문제들이 논의되기도 한다. 대표적으로 성별 임금 격차에 관한 질문이 그렇다. 이런 논의에서 때로는 꽤 훌륭한 답변이 나오고 또 다른 멋진 질문, 예컨대 보건 분야나 소매업처럼 여성이 주로 종사하는 부문의 임금은 왜 이렇게 적은가와 같은 질문을 낳기도 한다.

여기에는 예외 없이 엉망인 답변, 또는 불완전한 답변이 따라온다. "바보 아냐? 그게 여자들 일이니까 그렇지"라는 답변 말이다. 이 지적은 어느 정도 맞기도 하고 틀리기도 하다. 자본주의 체제하에서는 성별을 불문하고 더 적은 돈으로 노동할 용의가 있는 직원들을 필요로 하기 때문이다.

가부장제 아래 평등을 돈으로 살 수 있는가

페미니스트들의 아이콘인 힐러리 클린턴이 반쯤 사적인 자리에서 연설 도중 그게 치욕스러운 일이라도 되는 것처럼 '바리스타'로 일하는 사람들이 있다고 했던 말을 기억하는가? 이 명백한 편협성 때문에 어쩌면 그녀는 미국 대륙 어디에서도 다시는 커피를 사지 못할지도 모르겠다. 내가 전적으로 의존하고 있는, 기적을 만들어 내는 바리스타들이 도대체 왜 치과의사보다 덜 가치 있는 직업으로 여겨져야 한단 말인가? 모든 노동은 소중하다. (음, 자본의 축적과 관련된 쓰레기 짓은 예외로 하고. 돈 잘 버는 금융 산업에 있는 여러분은 엿이나 먹어라. 이렇게 막말을 해도 미안하지 않다. 신용을 필요로 하는 우리 노동자들을 약탈해서 망쳐 놓고도 정작 그들은 구제 금융으로 살아날 테니까.)

현재 자유주의 페미니즘 진영은 매스컴을 통해 성차별주의하에서의 투쟁에 대한 경험담을 엄청난 양으로 쏟아 내고 있다. 나의 신체적 수치, 직장에서 당한 성차별 경험, 유모차 때문에 카페에서 당한 일 등등. 감정적인 차원에서는 나도 충분히 이해한다. 진심이다. 하지만 이러한 문제를 해결하는 방식, 심지어 이러한 이야기들을 말한다는 그 사실 자체로도 이는 끔찍한 거짓이다. 저자는 살아남는다. 저자는 최소한 자신의 트라우마 이야기가 널리 조명되는 정도까지는 번성한다.

그러나 여성들이 돈이나 명성 같은 자본주의적 성공을 이루었다고 해서 그 사실이 가부장제에 일침을 놓을 수 있다고 생각하는 건 큰 오산이다. '그래, 나는 잔혹한 성차별을 겪었지만 수제 절임 요리 왕국을 시작함으로써 되갚아 줬다고!' 그들은 마치 이런 방식이 끊임없이 고통받아 온 모든 자매에게 유효한 해결책이라도 되는 것처럼 말한다. 자본주의라는 처방약을 잔뜩 투여해서 가부장제의 범죄들을 바로잡는다니, 나에게는 이 말이 뇌암 4기 환자의 머리에 치명적 부상을 입혀 치료하겠다는 것처럼 들린다. 그런 점에서 나는 분명 '뉘앙스'가 결여된 게 분명하다.

마르크스주의는 페미니즘을 이해하는 센스가 없다

물론 인간의 삶은 뉘앙스로 가득 차 있다. 특정 소수자 집단의 사회적 진보가 가장 큰 관심사인 활동가나 페미니스트가 흔하게 토로하는 불만이 마르크스주의에는 '뉘앙스'가 부족하다는 점이다. 어떤 페미니스트는 마르크스주의자에게서 여성주의 경험의 특수성을 보지 못했다고 말하기도 한다. 뉘앙스가 없이는 진정으로 여성을 포용하는 혁명을 기대할 수 없다는 것이다.

지금까지 해온 방식으로 봤을 때 마르크스주의는 나의 성별 문제에 관한 한 뉘앙스는 고사하고 기본적인 센스조차 갖추고 있지 못하다. 하지만 또한 마르크스의 비판 대상인 자본주의 생산양식 역시 '뉘앙스'가 결여되어 있기는 마찬가지다.

물론 자본주의는 수많은 상품을 만들어 내고 지구상의 모든 사람, 각각의 뉘앙스를 가진 모든 사람의 일에 관여한다. 그러나 거대하고 복잡한 어떤 존재를 향해 조금 더 '뉘앙스'를 가져야 한다고 목청을 높이는 것이 말이 되기나 하는지 솔직히 나는 잘 모르겠다. 이는 은행에 재융자를 신청하면서 나의 내면의 가치를 진지하게 들여다봐 달라고 요구하는 것과도 비슷하게 들린다.

은행은 다양한 집단의 잠재적 채무자들과 대출 담당자가 화기애애한 대화를 나누는 모습을 담은 광고를 내보낼 수도 있다. 실제로 당신의 내면의 가치에 관심을 기울이는 멋진 대출 담당자를 만날 수 있을지도 모른다. 하지만 은행의 본업은 당신을 친밀하게 이해하는 것이 아니다. 그들은 당신이 대출을 상환할 능력이 되는지를 본다. 은행은 '뉘앙스'에서 이윤을 얻지 않는다. 은행은 자본주의의 냉혈한 심사를 통해서 이윤을 얻는다.

페미니스트들은 마르크스주의가 여성들을 위한 공간을 마련해 주지 않으며, 마르크스주의를 적용하더라도 가부장제의 문제를 해결할 수 없다고 비판한다. 이에 대해 염치없지만 까놓고 분명하게 이야기하자면, 당신 말이 옳다. 마르크스주의는 자본주의에 대한 비판이지 가부장제에 대한 비판이 아니다. 지구상의 모든 문제를 해결해 줄 '단 하나의 신통한 비법'을 찾고 있다면 안타깝지만 그런 건 존재하지도, 존재할 수도 없다.

여성은 다중의 소수자성을 경험한다

비마르크스주의 노선의 페미니스트들도 자본주의와 가부장제를 절
친한 친구로 묶어서 묘사해 왔다. 이 자유주의 페미니스트들은 자본
주의가 여성으로 하여금 자신의 신체를 불편하게 느끼도록 만들기
때문에 나쁘다고 말한다. 좌파 자유주의 페미니스트들 입장에서는
자본주의가 여성으로 하여금 필요하지도 않은 물건을 사게 만들기
때문에 나쁘다고 말할 수도 있다. 그러나 개중에는 이 두 친구와 해로
운 시스템을 결합하는, 보다 진심으로 뉘앙스가 넘치는 방식에 착안
한 페미니스트들도 있다.

　교차성intersectionality이라는 개념은 백인 녀석들의 잘난 체에 대항
하는 유용한 수단이었다. 교차성이란 검은 피부와 갈색 피부를 지닌
사람들에게서 나온 말로, 이들 중 일부는 비판적 인종 이론critical race
theory이라 불리는 학파에 속해 있다.

　너무도 오랫동안 백인에 의해, 백인을 위해, 백인에 대해서 쓰여
온 사회운동 및 이론에서 자신들의 삶을 고려할 수 있도록 하는 노력
의 일환으로 유색인종들은 '우리의 압제를 담은 지도에 모두를 그려
넣자'고 주장했다. 솔직히 말해서 나는 이 조치가 엄청나게 관대하다
고 생각한다. 내가 검은 피부나 갈색 피부를 가진 사람이었다면 백인

들에게 그냥 이 지구상에서 꺼져 버리라고 말하고 싶은 유혹에 저항하기 어려웠을 것 같다.

여성에게 드리운 압제의 장막

이 교차성이라는 것은 일종의 로드맵이라고 볼 수 있다. 실제로 이 용어를 정립한 학자는 이에 대한 상세한 경로를 묘사한다. 킴벌리 크렌쇼Kimberlé Crenshaw는 2001년에 다음과 같이 말했다.

> 교차성은 소수 집단의 여성이 … 도시의 주요 교차로에서 길을 찾으려 할 때 일어난다. … 중앙 고속도로는 '인종차별선'이다. 여기에 식민주의라는 교차로가 있을 수 있고, 이어서 가부장제로가 나올 수 있다. … 그녀는 단 하나의 억압 형태만이 아니라 모든 형태의 억압들, 도로 표지판에 따라 이름이 붙어 있고 서로 연결되어 이중, 삼중, 다중으로 겹겹이 쌓인 압제의 장막을 헤쳐 나가야만 한다.

크렌쇼가 비유의 언어로 '장막'이라는 표현 대신에 교차할 필요가 없는 '압제의 고가 횡단도로'를 선택할 수도 있었다는 점은 별개로 하자. 이 분석은 첫눈에는 꽤 그럴싸해 보인다. 적어도 현재의 수많은 페미니스트들에게는 분명 그럴듯해 보이는 것 같다. 그들은 "이걸로 모든 문제가 풀렸어! 뉘앙스가 넘쳐 나"라며 만족한다.

교차성은 하나의 매트릭스 내에서 사람들, 특히 여성에 대해 고민한다. 각각의 작은 점들은 공통의 사회적 공간 내에 존재하는 다양한 부정적 세력에 속박되어 있는 개인을 대표한다. 이 3D 구상화에서 그녀는 한 종류의 부조리만을 마주치기도 하고, 때로는 비만차별로를 건너던 도중 오래되고 질척하며 거대한 억압의 양탄자에 치이기도 한다.

소수자 집단의 정체성

너무나도 인기 있는 이 분석은 마르크스주의 시각에서는 몇 가지 문제가 있다. 여기에 대해서는 뒤에 더 자세히 이야기하겠지만, 우선 문화적 대화에 모든 소수 집단을 포함하고자 하는 시도는 감사하고 훌륭한 일이라는 사실을 다시 한번 짚고 가고 싶다. 교차성의 문제는 이것이 '그것보다 이게 더 중요해' 게임과 유사한 일종의 억압 올림픽 게임이라는 가장 보편적인 비판을 나는 하지 않겠다.

소수의 사람들이 자기 삶이 얼마나 형편없는지 우는 소리를 해대는 건 상관없다. 때로는 그런 소리를 들을 필요가 있다. 매우 드문 일이기는 하지만 그들이 억압을 과대 포장하고 있다고 하더라도 그게 무슨 상관이겠는가?

우리는 누구나 항상 무언가에 대해 징징거리고 있다. 여기에는 과거 백인 남성들의 전유물이었던 비싼 등록금을 내는 대학에서 흑인 여성들이 쓴 소설들을 읽도록 강요당하고 있다는 점에서 자신들의 '표현의 자유'가 축소되고 있다며 불평하는 부유한 백인 남성들도 포함된다. 물론 여기에는 당연히 나도 포함된다. 나는 논쟁에서 나의 주장에 힘을 실어 줄 수 있거나, 감옥이든 어디든 안 좋은 상황에서 나를 구해 줄 수만 있다면 내 인생의 아주 사소한 일이라도 무기로 사용할 것이고, 마찬가지로 기회만 되면 나의 변덕스러운 성적 지향에 대한 이야기를 끄집어낼 것이다.

나는 때로 너무 가난해서 아이를 낳을 수 없는 힘 없는 중년 여성으로 나의 정체성을 표출한다. 때로는 유력한 일간지인《시드니 모닝 헤럴드》에서 일한 적이 있는 힘 있는 여성이 되기도 한다. 가령 상류층 백인 엘리트들과 동석한 자리라면 나는 호주에서 가장 유서 깊은 신문사 중 한 곳에서 일했다는 등 전문직 종사자로서의 과거를 넌지시 흘릴 것이다. 그런가 하면 교차주의 자매들과 함께일 때는 그네들의 '억압 매트릭스'에 관한 유인물의 활자가 너무 작아서 나 같은 시력이 어두운 할머니는 읽을 수가 없다고 지적할 것이다. 때로는 승자로, 때로는 패자로 나의 위치를 강조함으로써 나는 이런 교류에서 승기를 쥐고자 할 것이다.

우리는 언제나 스스로의 정체성을 경험한다. 우리는 타인에게 스스로의 정체성에 대해서 이야기하거나 그 다양한 측면들을 미묘하게 강조한다. 나는 지극히 호주인이야, 나는 아주 글로벌한 사람이야,

나는 매우 교양 있는 사람이야, 나는 전형적인 노동계급이야 등등. 자신의 정체성에 대한 일말의 의식도 없이 다른 사람들과 어울릴 수 있는 비법을 진정으로 터득한 이가 있다면 그 비밀을 꼭 좀 알고 싶다. 황금이라도 가져다 바치겠다.

교차주의 학자들과 활동가들이 센스 있게 지적한 것처럼, 정체성의 공허를 느끼는 사람들이 있다면 그들이야말로 정체성에 가장 덜 신경 쓰는 사람들이다. 다시 말해 부유한 백인 녀석들 말이다. 이들이 가장 열정적으로 "나는 피부색에 연연하지 않아"라거나 "여성들이 자기가 여성이라는 점에 그렇게 불평을 늘어놓지만 않는다면 훨씬 많은 것을 얻을 수 있을 거야"라고 말하는 사람들이라는 것은 단순한 우연이 아니다. 그들의 정체성이 지배적인, 따라서 사회에서 기본이 되는 종류이기 때문에 그들은 '과학'이나 '이성', 또는 '표현의 자유'야 말로 유일하게 중요한 문제라는 자기기만적인 헛소리들을 늘어놓으면서 훨씬 수월하게 앞으로 나아간다.

교차성 안에 존재하는 자본주의

누군가에게는 이 '정체성'이라는 헛소리가 아무 의미 없는 것처럼, 혹은 '이봐 외국인 아가씨, 그래서 뭣 때문에 그렇게 징징거리는 거야'라고 할 수 있는 프리 패스처럼 여겨진다 할지라도, 백인이라는 것은 하나의 정체성이다. 실제로 오늘날 인종차별주의적, 국수주의적 성향을 띠는 많은 이들이 심지어 공개적으로 자신이 백인임을 하나의 정체성으로 주장한다. 이러한 아이덴티타리언 운동●이 현재 미국의 극보수주의의 한 부분을 구성하고 있다. 이처럼 똥 같은 사상이 1789년 우리에게 진정으로 '시민'과 시민의 '권리'에 대한 사상을 선사해 준 곳이자 그 이래로 지금까지 수많은 '우리 자신'에 대한 업적을 낳은 나라인 프랑스에서 시작했다는 것은 흥미로운 점이다. 미셸 푸코 씨, 지금 당신 이야기를 하고 있는 겁니다. 이 망할 놈아.

놀랍게도 인종차별적 사상을 지닌 아이덴티타리언과 인종차별에 반대하는 교차주의 학자들의 사상에는 일부 공통적인 부분이 있다. 이민자 가정 출신의 미국 시인이자 페미니스트인 오드리 로드^Audre Lorde(그녀에게는 사후에야 교차주의자라는 명칭이 부여되었다)를 포함한 여러 학자들과 활동가들이 백인들의 입을 잠시나마 닥치게 하려는 노력의 일환으로 이 분야에 합류하긴 했지만, 이 사상의 계보를 따져보면 일부는 프랑스로 거슬러 올라갈 수 있다.

갈색 피부나 검은 피부를 가진 사람들이 자신들만의 지식과 이론을 창조할 역량이 전혀 없다고 주장하려는 것이 아니다. 그러나 교차성이라는 개념 자체는 그 탄생의 순간부터 서구 백인 사상의 전통과

● identitarian movement. 제2차 세계대전 이후 프랑스에서 기원한 정치적 이데올로기로, 일종의 백인 내셔널리즘을 말한다. 모든 사회문제의 원인을 외국인에게서 찾는 외국인 혐오나 인종차별주의 등과 쉽게 결합하는 극우적 성향을 띤다.

그 자체로 교차했던 사고방식이다. 교차성의 내부에 백인이 있다는 순진한 주장을 하려는 것도 아니다. 나는 그 안에 자본주의자가 있다고 생각한다.

모든 소수자가 평등한 세상을 꿈꾸다

문화적 억압은 실재한다. 나는 집에만 머물면서 평생을 글만 쓰며 보낼 수 있기 때문에 그 억압을 직접 경험할 일은 많지 않지만, 그런 상황에 처한 이들은 이를 아주 극렬하게 느낀다는 사실을 잘 알고 있다. 갈색 피부와 검은 피부를 가진 사람들, 장애를 가진 사람들, 그리고 비규범적인 성 정체성을 가진 사람들은 이 엄청나게 쓰레기 같은 상황을 당한다. 이것이 현실이다.

문화적 경험은 지금까지 우리가 장황하게 논한 것처럼 단순히 우리가 노동을 조직하는 방식의 산물만은 아니다. 그러나 이런 경험들 모두 토대와 연계될 수 있다. 아이덴티타리언들이 그러하듯 교차주의자 역시 자본주의 경험에 앞서는 무언가, 정체성의 '정수'가 있다고 말하겠지만 말이다.

좋다. 맞는 말이다. 그런데 여기서부터 상황이 좀 까다로워진다. 그래서 페미니즘 이론을 약간 이야기할 필요가 있다. 성별, 젠더는 자본주의보다 앞서기 때문이다. 지난 수천 년 동안 서구 문화에는 물질로서의 여성과 이상으로서의 남성에 대한 사상이 존재해 왔다. 이것이야말로 서구에서 가장 오래되고 안정적인 사회 구분이라 할 수 있다.

성별은 중요치 않다

페미니스트들이 여성과 남성의 구분을 이해하는 데는 크게 두 가지 방식이 있다. 현재 가장 인기 있는 방식은 미국의 페미니즘 철학자 주디스 버틀러Judith Butler의 저서에서 접할 수 있는 사상이다. 한 마디로 생물학적 성sex은 그저 우리에게 성의 구분이 있다는 성별gender의 알리바이일 뿐, 성별이 자연적으로 주어진 것이 아니라는 주장이다. 두 번째 방식은 성별과 성이 불가분이라고 보는 사상이다. 우리는 다만 '그런 방식으로 태어났'으며 우리가 이 세계에서 무엇을 하는지는 단순히 그 자연스러움의 표출일 뿐이라는 것이다.

이런 두 주장 사이의 논쟁이 여전히 계속되고 있지만 나는 인기 없는 제3의 주장, 요컨대 '우리의 성별 표현이 타고난 것인가'라는 질문 자체가 전혀 중요하지 않다고 생각하는 선택지를 더 선호한다. 어차피 우리는 어떤 답이 옳은지 결코 알지 못할 것이기에 질문을 던질 필요성도 없다.

정신분석 페미니즘의 관점(맞다, 대부분 프랑스 쪽이다)을 따르자면, 생물학적인 성 차이가 분명하게 드러나는 한 아이들은 버틀러의 팬들이 그토록 경멸하는 '이분법'적 감성을 가진 어른으로 성장할 수밖에 없다. 모든 남성과 여성 커플(수없이 많은 이들이 함께 살면서 아이를 만드는 실망스러운 습성을 가지고 있는)이 정교한 마스크라도 쓰지 않는 한 이러한 차이는 스스로 재생산될 수밖에 없을 것이다. 어쩌면 이 때문에 많은 이들이 어릴 때부터 자기 자신과 보호자 사이에서 남성과 여성이라는 도식화를 학습한 결과 이 '두 종류의 사람들' 사이에서 분열을 느낄 수도 있다. 어쩌면 미래에는 기계가 이 모든 것을 변화시킬 수도 있다. 그러나 우리 대다수가 장시간 노동에 지쳐서 우리의 자녀들에게 자신이 깨우친 정신분석 이론을 전수할 시간이 없기 때문에, 당분간은 이러한 상황을 유의미하게 변화시킬 수 있을 것 같지 않다.

나는 모든 사람을 구분하는 두 가지 주요한 성별의 범주가 있으며 적어도 가까운 미래까지 이는 필연적이라고 생각한다. 나를 성전환 혐오자로 몰아 발언권을 부정할 수도 있다. 하지만 나는 어떤 행위를 규정하는 것이 아니다. 다만 정체성의 획득 그 자체를 있는 그대로 묘사하고 있는 것뿐이다.

여기에서 우리는 마르크스의 파트 타임 친구인 아리스토텔레스에게로 돌아가게 된다. 그는 인간이 천성적으로 사회적 동물이라고 말했다. 우리는 미성숙한 상태로 태어나는 포유동물로 아동기 내내 사람을 필요로 하며 평생 계속해서 사람을 갈망한다. 처음에는 물질적으로, 그리고 정서적으로, 우리의 생존은 언제나 다른 사람에게 달려 있다. 바로 이 때문에 자매들이여, 그대들의 페미니즘 식단에 마르크스를 조금 더 추가할 필요가 있다.

마르크스주의가 그리는 평등한 세계

성과 성별은 앞으로도 오랫동안 세계 어느 곳에 있든 모든 이들에게 가장 매력적이고 가장 난감한 질문이 될 것이다. 어떻게 하면 더 잘할 수 있을까? 어떻게 하면 필연적으로 맞닥뜨릴 수밖에 없는 맹비난에 당당히 맞설 수 있을까? 오, 그리고 공산주의 하에서는 어떤 모습일까?

아마도 한동안 지금보다 더 나아질 것이 없을 수도 있다. 물론 여성이 더 이상 남성 개개인에게 경제적으로 의존할 필요는 없어질 것이다. 폭력을 휘두르는 남성에게서 탈출하기를 갈구하는 여성들은 임시적인 쉼터에 위탁되는 것이 아니라 안전한 집보다 훨씬 더 나은 곳, 계속 삶을 영위할 수 있는 장소로 이동할 것이다. 건강이 좋지 않거나 재생산에 대한 지원이 필요한 여성들은 이를 위해 떠돌이 생활을 하거나 가난하게 지낼 필요가 없을 것이다. 여성들은 자녀를 양육할 능력이 되지 않는다고 걱정할 필요가 없을 것이며, 생산적인 행동과 자유 시간을 추구하는 과정에서 필요할 때마다 아이들에게 필요한 서비스를 누릴 수 있을 것이다.

그렇게 몇 십 년이 지나면 여성들은 이러한 노동의 구분이야말로 자녀들에게 '이분법적' 경향을 강화시킨다는 고민을 할 것이다. 그들은 다른 이들과 이 문제에 대해 논의할 것이다. 진지하게 고민하고 더 나은 방법을 찾을 것이다. 문학 축제의 기조연설을 누가 할 것인지 같은 문제는 덜 고민하고, 일상의 시에 대해 더 많은 이야기를 나눌 것이다. 다른 사람에게 영감을 주는 생각이 떠올랐다면 문학 축제에서 이 시상을 낭송할지도 모른다. 거기에서 우리는 오로지 부유층만을 위한 메시지만을 확대하고 재생산하던 저 옛날의 일들을 함께 되새겨볼 것이다.

　우리는 여전히 서로를 아프게 할지도 모른다. 우리는 여전히 서로 별 것도 아닌 일로 다툴 것이다. 다른 여성과 남성을 판단할 것이다. 우리는 인간이기에 결코 완벽해질 수 없으며 우리가 그리는 세상은 유토피아가 아니다. 그러나 그 곳은 우리 모두가 서로에 대해 매우 뉘 앙스 넘치는 이해를 전달할 수 있는 유일한 세계일 것이다. 그곳에는 여성이나 남성으로, 성별 규범을 따르지 않거나 심지어는 성별에 환멸을 느끼는 존재로 산다는 것이 과거 어떤 의미를 가져 왔고, 지금은 어떤 의미인지, 앞으로 어떤 의미를 가질 수 있는지 충분히 고민할 수 있는 여유로운 시간과 평화가 있을 것이다.

제6장

가난한 밀레니얼이여, 단결하라!

자본주의의 종말을 기다리며

마르크스는 우리를 자유롭게 해줄 결정적인 도구 몇 가지를 알려 주었다. 그러나 그는 또한 우리가 징글징글하게 비참해질 수 있는 엄청난 명분도 준다. 그의 위대한 사상 중 일부는 때로 우리를 좌절과 혼란으로 이끌기도 한다.

　나는 이 책의 마지막 장에서 여러분이 그러한 패배감을 피할 수 있는 방법을 알려 주려 한다. 그러나 이런 좌절과 혼란을 피하기 위해서는 먼저 마르크스가 우리에게 남긴 변혁의 임무와 그 어마무시함을 이해해야만 한다. 어쩌면 이를 알고 진정으로 비참한 상태에 빠지게 될지도 모르겠다. 그러나 이 과정을 통해 여러분은 단단히 마음의 준비를 할 수 있을 것이다.

　그런 다음 새로운 마르크스주의를 챙겨 들고 우울하기 짝이 없는 잔인한 자본주의의 거리들을 희망에 차서 산책할 수 있는 방법을 제안하고자 한다. 나는 여러분이 마음속에 지니고 있을 바로 그 질문에 답하고자 노력할 것이다. 그 질문이란 다음과 같다.

　"그것 참 정말 멋진데요. 그래서 뭘 어떻게 해야 하는 거죠?"

좌파의 지나친 동정심

마르크스를 읽기 시작한 이래 나는 '지나치게 동정심이 많은 좌파'라는 유명한 문구에 혼란을 느꼈다. 《자본론》을 읽으며 오후를 보내다가 피눈물이 날 곳이 있다면 그건 내 가슴이 아니라 내 머릿속일 것이다. 맞다, 우리는 '동정심이 지나치게 많다.' 우리는 자본주의 생산양식이 가져온, 또는 그로 인해 정교화된 착취, 소외, 전쟁, 편협함, 기타 여러 장애로 사람들이 고통받게 내버려 두는 것은 도덕적으로 잘못된 일이라고 생각한다.

그러나 우리의 문제는 연민의 부족이 아니다. 많은 이들, 심지어 신자유주의자들조차도 상당한 연민을 느끼며 스스로에게조차 그것을 감추기 위해서 노력한다. 다른 사람들이 자신보다 적게 누리는 것이 당연한 척하기 위해서는 비정상적인 노력이 필요한 법이다. 우리의 문제는 마르크스가 너무나도 정교하게 설명한 시스템의 규모와 영향력이다. 이거야말로 진짜 두통거리다.

이 문제(일상의 물질적 삶을 뛰어넘어 우리 존재 안으로 파고드는 거대한 사회적 관계)는 직시하기가 매우 어렵다. 버니 샌더스 같은 온건 사회주의자조차도 이 지구상에서 가장 부유한 국가에서 학생들이 무상으로 대학에 다닐 수 있도록 하겠다는 제안을 했다는 이유로 몽상가라며 비웃음당하는 현실을 생각해 보라. 제러미 코빈이 더 평등한 소득 같은 너무도 단순한 영국 노동당의 20세기 중반의 목표들을 부활시켰다는 이유로 극렬한 비판을 받고 있는 것을 생각해 보라. 기념비적인 규모와 허구적 '생산성'을 자랑하는 금융기관들이 없다면 모든 것이 멈춰 버리기라도 할 것처럼 '대마불사' 같은 용어들이 얼마나 수월하게 우리의 일상에 자리잡는지 생각해 보라.

자본주의는 인간의 본성인가

좀비 창궐, 외계인 습격, 또는 핵 공격에 의한 파괴가 자본주의의 종말보다 상상하기 쉽다. 사유재산이 더 이상 존재하지 않는 세계(이게 바로 마르크스주의자의 목표다)를 상상한다 해도, 대개 주변의 누군가는 우리에게 어리석다느니 비도덕적이라느니 하는 소리를 늘어놓을 것이다. 또는 잘 알고 지내는 누군가가 우리의 구상은 키메라 같은 괴물일 뿐이라고 친절하게 상기시켜 줄지도 모른다.

경제 분야만 빼고 다른 모든 문제에 아주 현명한 친구 하나는 우리가 논쟁을 벌일 때마다 이렇게 말한다. "하지만 성장은 사물의 자연스러운 방식이야. 우리는 우리 아이들이 우리보다는 더 잘살기를 바라잖아." 그는 마치 반박의 여지가 없는 진실이라도 되는 것처럼 나에게 같은 말을 되풀이한다. 자본주의는 인간 본성의 자연스러운 표출이며 우리는 아이들을 위해 그렇게 하고 있다고 말이다.

나는 부모는 아니지만 그의 도덕적 책임감에 대해서는 깊이 공감한다. 다시 말해서 내가 밀레니얼 세대의 음악이나 움짤에 대해서 진저리 치는 만큼이나 그들이 미래에 사용할 수 있도록 이 지구의 냄새

나는 변소를 깨끗이 청소하는 것이 우리 기성세대의 의무라고 생각한다. 나는 진심으로 그들에게 더 나은 것을 주고 싶다. 내가 좋은 사람 또는 훌륭한 사람이라서가 아니라 지속가능한 가치를 추구하지 않는다면 지난 수십억 년에 걸친 놀라운 진화의 산물인 내가 도대체 여기에서 달리 무얼 위해 존재하겠는가 싶어서다.

어쩌면 내가 그저 한 아이의 엄마이고 그래서 나 자신을 한 번도 만나 본 적 없는 수많은 아이들의 어머니로 인식하지 않았다면 지금과 달리 느꼈을지도 모르겠다. 하지만 나는 그럴 것 같지 않다. 내가 나의 아이에게 주기를 소망할 더 나은 것이란 결국 그 아이의 자유이고, 마르크스주의자에게 내 아이의 자유는 모든 이의 자유에 달려 있다.

나는 젊은 동지 여러분 모두의 자유를 바란다. 여러분의 자유를 너무나도 간절히 바라기 위해 굳이 여러분을 좋아할 필요는 없다. 여러분도 다른 사람의 자유를 바라기 위해 그들을 좋아할 필요는 없다. 여러분이 원한다면 자유의지로 나를 싫어할 수 있다. 솔직히 말해서 나는 나에게 마르크스라는 골칫거리를 소개한 사람을 진심으로 싫어했기에 여러분이 그런다 하더라도 놀라지 않을 것이다. 하지만 여러분이 '사회 정의'라든가 '소득 평등' 또는 '포용' 등 다양한 이름으로 불리는 사회적 가치에 대한 신념이 있다면, 개인의 자유로운 발전은 모두의 자유로운 발전을 위한 조건이라고 주장한 한 남자의 사상을 반드시 살펴보기를 권한다.

위대한 혁명 세력, 밀레니얼 세대

다음 세대에게 더 나은 조건을 전달하는 정치 환경은 시간과 장소의 제약을 받았다. 19세기 중반부터 20세기 중반까지 서구 국가에서는 이러한 진보가 그런대로 이루어졌다. 그리고 미국이나 호주 같은 국가에서 경험했던 이 잠깐 동안의 혜택조차도 대개는 창백한 피부를 가진 사람들에게만 제공되었다. 모든 시대와 장소에서 잘 굴러갈 것처럼 여겨진 체제하에서도 상황은 거지 같기만 했다.

오늘날 서구에서도 상황은 엿 같다. 지금의 젊은이들은 그들의 물질적 부유함이 부모 세대의 부유함을 능가할 가능성은 이미 닫혀 버렸음을 깨달았다.

자신을 위해서만이 아니라 자녀들의 미래를 위해서 투쟁할 준비가 된 이들에게 지금이 바로 그때다. 더 이상 비굴하게 살지 말고, 자본주의가 자연스러운 것이며 필연적이라는 강력한, 거의 종교에 가까운 환상을 가지고 있는 나의 현명한 친구를 잊어야 할 때다. 밀레니얼 세대의 젊은이들은 둘 다 진실이 아님을 이미 깨닫고 있기 때문이다. 그들이 무엇을 할 수 있는지, 그리고 그들이 이 일을 해낼 수 있는 얼마나 특별한 위치에 있는지에 대해서 이야기해 보자.

밀레니얼 세대에게 잠재되어 있는 혁명의 씨앗

밀레니얼 세대는 잠재적으로 위대한 혁명세력이다. 무엇보다도 그들 중 대다수가 이른바 정체성 정치학*의 유용한 부분을 물려받았으며, 따라서 이 세계에서 개인의 경험이 다른 모든 사람의 경험과 완벽히 같을 수 없다는 사실을 기본적으로 이해하고 있다. 그들은 누군가에게는 인종차별주의가 일상의 고통이지만 다른 누군가에게는 그렇지 않다는 사실을 이해한다.

또한 그들 대부분이 우리가 계급의식이라 부르는 것을 쌓았다. 이 시대에 청년으로 살면서 여가를 즐기든 일을 하든 간에 자신의 노력이 결국 다른 누군가의 이윤을 늘리는 데 쓰인다는 점을 느끼지 않기란 거의 불가능에 가깝다.

이처럼 자본주의 사회의 거짓 약속에서 그들 자신은 제외되어 있다는 사실, 그리고 문화적 다름에 대한 불관용에 실망한 젊은 세대들이 존재한다. 상대적으로 풍요를 누렸던 좌파 베이비부머 세대와 달리 그들은 너무나도 현실적인 빈곤의 가능성에 당면해 있다. 과거 베이비부머 세대들은 빈곤을 진짜 문제로 인식하지 못했고, 그래서 문화적 불관용, 인종차별, 성차별 같은 순수하게 자유주의적인 관심사에 집중했다. 이들 좌파 베이비부머 세대는 자본주의를 상대적으로

● 전통적인 정당 기반의 정치와 달리, 성별이나 젠더, 종교, 인종, 성적 지향, 문화 등 각자가 공유하는 집단 정체성을 기반으로 배타적인 정치 동맹을 추구하는 정치 운동 및 사상을 말한다.

무해한 것으로 보았다. 흔히 20세기 중반의 좌파들은 경제 문제는 포기하고 문화 문제에 모든 관심을 쏟아부었다고 평가된다. 마르크스주의에서는 이를 종종 '문화적 전환cultural turn'이라고 부른다.

그러나 젊은 좌파들은 문화적, 경제적 불평등이 서로 긴밀하게 엮여 있음을 안다. 심술궂은 늙은이인 내 눈에는 바로 이러한 이유로 밀레니얼 세대가 과거 어느 세대보다도 더 진정한 마르크스주의자가 될 태세를 갖춘 것처럼 보인다.

99퍼센트의 연대

나는 '인식 제고'에 관심이 많다. 예를 들어서 나는 소외된 계급에 대한 문제를 자매애 시각으로만 보는 열혈 클린턴 지지자들에 대한 실망에 관해 많은 글을 썼다. 여러분도 잘 아는 문제다. 우리가 실리콘밸리의 최고경영진이 된 유색인종 여성의 성공을 축하해 주면 낙수 효과로 인해 그녀의 승리가 다른 모든 이들에게 전해질 것이라는 자유주의적 신념 말이다.

이 특별한 여성이 그 자리에 오르기까지 정말 열심히 싸웠으리라는 사실은 의심하지 않는다. 하지만 우리 마르크스주의자들의 시각에서 보면 최고경영진이 된 순간 그녀는 더 이상 우리 계급이 아니라는 사실을 기억할 필요가 있다. 따라서 이러한 성취를 축하하는 행위는 거짓 연대다.

밀레니얼 세대는 유색인종 여성이 자본주의자 계급으로 신분 상승할 기회가 열려 있다고 해서 그 사회가 진정 자유로운 곳이라고 평할 수 없다는 사실을 잘 알고 있다. 동시에 유색인종 여성을 배제하는 행위가 자유를 추구하는 운동에 포섭될 수 없다는 사실도 잘 안다. 그들은 문화적 차이를 삶의 필연적인 사실로 받아들여야만 한다는 것, 그리고 문화적 차이에 관계없이 99퍼센트 사람들의 계급적 연대가 사회 변화의 전제조건이라는 사실을 전부 이해한다.

사회를 변화시키기 위해 철저한 정통 마르크스주의자가 될 필요는 없다. 마르크스에게도 여러 문제점이 있고, 그의 사상 중 어떤 요소들은 어쩔 수 없이 그가 살았던 19세기에 머물러 있다. 마르크스의 저서를 더 읽어 본다면 그의 노동가치설이 스스로를 자랑스레 21세기 마르크스주의자라 부르는 이들에 의해 거부 또는 수정되어 왔음을 알게 될 것이다. 또한 그의 이데올로기에 관한 사상 역시 크게 바뀌어 왔음을 알게 될 것이다.

어쩌면 인류 사회의 역사를 분석하는, 철저하게 과학적으로 여겨졌던 마르크스의 접근법이 때로는 실패할 수도 있다는 것을 (우리 존재의 일부는 우리 자신에게도 미스터리로 남아 있다. 특히 우리가 타인과 함께할 때 이런 경향이 더욱 두드러지는데, 인간이란 필연적으로 사회를 이루어 생활할 수밖에 없는 복잡한 동물이기 때문에 그렇다) 알게 될 수도 있다. 그것이 인간으로서 우리의 한계다. 우리는 생존을 위해 서로를 필요로 하고 서로 상호작용하면서 마르크스의 이론으로 (또는 다른 어떤 사상가의 이론이든 간에) 완전히 설명할 수 없는 복잡한 문제와 맞닥뜨릴 수 있다.

마르크스는 완벽하지 않다. 비록 자본주의에 대한 그의 설명이 오늘날 대학이나 언론에서 완전히 무시되고 있지만, 자유와 가치에 대한 신념을 가지고 있는 사람이라면 누구나 필수적으로 접해 보아야 한다. 마르크스의 비평을 간과하는 것은 자본주의의 광대함을 간과하는 것과 마찬가지다.

100퍼센트의 세계를 쟁취하라

마르크스는 자본주의의 영원한 그림자다. 그는 소련의 실패한 실험의 설계자도, 다른 어떤 국가자본주의 사례의 설계자도 아니었다. 그는 공산주의의 청사진을 제시한 것이 아니라 자본주의가 우리의 세계를 만드는 방식을 설명했다. 우리가 이전에 근대 세계의 진실이라고 여겼던 것이 그저 또 하나의 시각에 불과하다는 사실은 오로지 마르크스주의 안에서만 밝혀진다. 마르크스는 잠깐이나마 우리가 우리 밖에 존재할 수 있도록 해준 사람이다. 사적으로 소유한 재산이라는 개념을 계속 믿더라도, '외부자'의 방식으로 마르크스와 철학적인 관계를 맺는 것은 여전히 가능하다.

나의 편파적인 견해로는, 밀레니얼 세대의 젊은이들은 당장 눈앞에 닥친 곤경이나 미래에 대한 고민을 하느라 좀처럼 시간적 여유를 가지지 못하는 것 같다. 그러나 조금이라도 시간을 내서 마르크스를 읽어라. 이것이 나의 유일한 권고다.

여러분이 지금 당장 무엇을 해야 할지에 더 관심이 많다는 사실을 나도 잘 안다. 우리가 이미 한계에 도달한 것 같기도 할 것이다. 백악관에는 서커스 피넛* 한 봉지가 있다. '표현의 자유'에 대해 꽥꽥 소리를 질러대지만 사실은 자신들의 표현의 자유에 누구도 자유롭게 이의를 제기할 수 없도록 최선의 노력을 기울이고 있는 무리가 있다.

우리의 미디어는 중앙집권적으로 소유되어 있다. 우리의 친구들은 우리의 지구가 겪고 있는 환경적, 경제적, 문화적, 사회적 문제들을 해결하기 위해 그보다 훨씬 많은 것들이 필요할 것임을 알 수 있음에도 해시태그와 보이콧에 기대어서 우리에게 지금 이 세상이 필요로 하는 것은 연민뿐이라고 이야기한다.

복잡한 문제에 단일한 해결책들을 제시하는 사람들도 많다. 마르크스주의가 이 문제들에 대해 완전한 해답을 내놓지는 못할 수도 있다. 그러나 어떤 질문을 던져야 하는지를 파악하는 데는 분명 큰 역할을 할 것이다.

그런 점에서 여러분이 더 많은 문제를 찾아냈으면 좋겠다. 당신이 나처럼 미래에 대해 조바심을 내며 고민하는 사람이라면 마르크스 같은 방식으로 생각하라. 위험을 감수하고 치료법을 적용하기 전에 진단을 내려라. 무엇이 사회를 병들게 하는지, 어떻게 이를 회복시킬 수 있는지 알기 위해 마르크스주의의 도구를 이용하라.

이런 말들이 만족스러운 대답이 아니라는 것, 그리고 국가비상사

● circus peanut. 땅콩 모양을 한 마시멜로 캔디로, 트럼프의 얼굴과 이 과자를 합성한 밈이 온라인에서 한동안 유행했다.

태를 선포하고 지금 당장 행동에 나서라는 강력한 권고로 이 책을 마무리할 수 있으면 더 좋으리라는 것은 나도 잘 알고 있다. 하지만 우리는 행동하기 전에 먼저 생각해야 한다.

기성세대는 패배했다

이제 여러분들, 다시 말해 밀레니얼 세대가 움직여야 한다. 내가 속한 기성세대에 대한 꾸밈없고 진심 어린 존경을 담아, 여러분과 나는 기성세대가 끝났다는 사실을 인정해야 한다. 기성세대는 진정한 좌파, 즉 마르크스의 역사적 유물론주의 좌파의 약속을 지키는 데 실패했고 자유주의적 방식으로 굳어 버렸다.

우리가 신자유주의라 부르는 것(마르크스가 반박했던 고전 경제적 자유주의의 회귀에 불과한)의 초기 전달자 중 하나였던 마거릿 대처가 "다른 대안은 없다"고 했을 때, 우리는 그녀에게 유의미한 반박을 하지 못했다. 우리는 문화적 전투에서 승리하는 데만 관심을 쏟았고, 그녀가 경제적 승리를 선포하도록 내버려 두었다. 그때만 하더라도 서구에서 안락한 생활을 누리던 우리는 다른 이들이 목숨을 걸고 추구했던 사상, 즉 관념과 물질은 서로 밀접하게 연결되어 있다는 사상을 망각했다.

정치경제와 동시에 싸우지 않는 한 우리는 평등, 다양성, 포용 등 많은 이름이 붙어 있는 가치를 위한 문화적 전투에서 승리할 수 없다. '멍청한' 트럼프 지지자들을 두고 잘난 체하며 요란한 비평을 한다고 잠재적 동지의 신뢰를 얻을 수는 없다. 신자유주의 (기본적으로 케인즈주의라 불린 위기, 즉 인식 사상의 짧은 번영기 이후에 찾아온 고전 경제사상 모델로의 복귀) 역시 어리석다는 사실을 망각한다면, 우리는 패배한다. 나의 기성세대는 이 시기에 패배했다.

진정한 좌파주의의 부활

친애하는 X 세대 동지들이여, '문화적 이해'에 대한 증진 말고는 뭐든지 하는, 늙고 실패한 여러분과 나는 마르크스주의 책을 읽는 것 말고는 할 수 있는 일이 거의 없다. 이것이 젊은 시절을 자신도 모르는 사이에 신자유주의 정책에 복무하는 데 낭비해 버린 우리의 속죄다.

더 나은 미래에 관심이 있다면 청년들을 향해 투덜거리지 말고 그들의 노력을 지지해야 한다. 지금까지 탈자본주의 세계를 향한 모든 노력이 그러했던 것처럼 이러한 노력은 어설프게 헤맬 운명이다. 그러나 책임을 지자. 우리는 평생 동안 진정한 좌파주의를 보류해 왔다. 우리는 이 오랜 대화에 거의 아무런 기여도 하지 못했다. 여러분과 나는 이 철저한 쓰레기(우리 자신을 '표현할' 필요성, 우리의 경이롭고 경계를 모르는 유동적인 정체성을 선언할 필요성, 우리의 자존감, 우리의 목소리를 전할 필요성)에 대해 너무나 오랫동안 끊임없이 떠들어 왔기 때문에 이제는 침묵해야 한다.

친애하는 밀레니얼 세대여, 이는 내가 여러분에게 무엇을 하라고 왈가왈부할 수 없다는 뜻이다. 그래도 내가 아는 만큼 마르크스에 대한 설명을 하거나, 나의 세대가 망각한 교훈을 되새겨 주는 정도는 괜찮은 것 같다. 진정한 공산주의는 단 한 번도 시도된 적이 없기 때문에 완전한 실패라고 선언할 수 없다는 사실을 상기시키는 것도.

여러분을 공산주의라는 작은 혼란 속으로 도발하는 것도 나쁘지 않은 것 같다. 이 세계는 어떤 모습을 하게 될까? 전환기를 거치고 나면 궁극적으로 국가가 사라져 진정 자유로운 곳이 될 수 있을까? 아니면 핵무기와 환경파괴 같은, 자본주의에 의해 생겨나 결코 해결되지 못한 사상 최대의 위협들을 해결하기 위해 제한적으로라도 권위를 남겨 두어야 할까? 사람은 어느 정도까지 고민에 참여하고 싶어 할까? 당신은 도로, 육아, 거주할 땅의 분배 등을 직접 고민하는 미래를 원하는가, 아니면 이를 다른 누군가에게 넘기고 싶은가? 미래의 설계자를 어떻게 임명할 것이며 그들이 거만하고 위험한 테크노크라트가 되지 않도록 어떻게 막을 것인가? 범죄를 어떻게 해결, 아니 그 전에 어떻게 정의할 것인가? 넘쳐 나는 자유 시간을 어떻게 보낼 것인가?

당신의 옆구리를 찔러 질문을 던질 수 있지만 답을 줄 수는 없다. 단결을 촉구하는 것 말고는! 심지어 당신이 수많은 다른 문제들에 대해 동의하지 않는 경우라 하더라도 말이다. 99퍼센트의 당신은 100퍼센트의 세계를 얻을 수 있다. 가서 쟁취하라.

더 많은 읽을거리와
볼거리를 원하는 동지들에게

사회주의적 진실보다는 거짓으로 정철된 정맥주사에 의존해 살아가는 자본주의 좀비 국가에 아직 넘어가지 않았다면, 여러분에게 몇 가지 제안하고 싶은 것이 있다.

여러분 대다수가 참고도서 목록보다는 혁명 계획을 선호하리라는 사실은 잘 알고 있다. 그러나 이쯤 되면 내가 생각이 행동만큼 중요하다고, 그리고 어떤 혁명 행위라도 그 효과성을 보장하기 위해서는 생각이 우선해야 한다고 생각하는 사람임이 분명해지지 않나? '선봉의 일원이 되어 이 빌어먹을 책을 읽어라'라는 메시지를 전하는 데, 내가 생각보다 명시적이지도 직설적이지도 않지 않았나.

여러분이 마르크스를 읽기 전에 (여러분은 마르크스를 읽어야만 한다) 마르크스주의자라고 해서 그의 모든 사상을 무비판적으로 수용하지는 않는다는 점을 말하고 싶다. 예를 들어서 노동가치설은 매우 많은 문제가 제기된 개념이다. 데이비드 하비David Harvey의 유명한 저서 《데이비드 하비의 맑스 〈자본〉 강의》을 읽으면 잘 알 수 있다. 정통 마르스크주의자들, 그리고 심지어 조금 더 예술가인 척하는 방식으로 마르크스에 접근하는 나와 같은 사람들조차도 노동자들이 제공하는 잉여라는 개념을 버리기 쉽지 않다. 하비의 글에서도 이 문제는 꽤 어렵게 느껴지지만, 그래도 이 개념을 훌륭하게 소개하고 있다. 또한 유튜브에서 그의 강의를 볼 수도 있다.

'문제적인' (나는 이 단어를 혐오한다. 도대체 왜 사람들은 그냥 '불쾌하다'거나 '틀렸다'는 말을 하고 싶은 거라고 솔직히 말하지 않는가) 또 한 명의 인물이 슬라보이 지제크다. 그의 저서 《이데올로기의 숭고한 대상》과 《폭력이란 무엇인가》를 추천하고 싶다. 많은 이들이 지제크는 대중의 관심을 사려고 하는 마르크스주의 만담꾼이라고 말한다. 마치 농담이나 관심이 나쁘다는 것처럼 말이다. 나는 그를 정말 좋아하는데, 단지 그가 익살스럽고 쉽게 접할 수 있는 사람이기 때문만은 아니다. 최근에 그가 변증법적 유물론(역사적 유물론과 거의 같은 개념이니 걱정하지 않아도 된다)을 향해 19세기에 머물러 있는 것이 나았을 도구라고 했던 발언에는 반대하지만 정신분석 이론과 자본주의 이론을 조화시키고자 한 그의 노력을 사랑한다. 인터넷에서 그의 동영상을 많이 찾아볼 수 있다. 또한 그의 사상을 잘못 이해한 사람들이 쓴 쓰레기 같은 글들도 수없이 많고, 그를 이해하지만 동의하지는 않는 훌륭한 비평들도 찾아볼 수 있다. 어느 쪽이건, 그는 마르크스주의로 향하는 재미있는 루트 중 하나다. 중독으로 가기 전 거치는 입문 단계와 같달까.

진정한 의미에서 마르크스주의자는 아니지만 그럼에도 불구하고 꽤나 유용한 당대의 경제학자와 정치경제학자도 있다. 나는 스코틀

랜드 출신의 정치경제학자인 마크 블라이스Mark Blyth의 광팬인데, 그의 저서 《긴축: 그 위험한 생각의 역사》는 소녀들이 진심으로 기대할 만한 신자유주의에 대한 가장 대중적인 해설서다.

세계 금융 위기를 예측했던 호주 경제학자 스티브 킨Steve Keen은 《경제학 뒤집기Debunking Economics》라는 책을 썼는데 나에게는 너무 전문적이다. 스티브는 활발한 SNS 활동을 보이는 인물로 현상유지 경제학자들에 대한 불만을 토로하는 진짜 멋진 친구다. 또한 SNS를 통해 들어오는 모든 이들의 질문에 답해 줄 만큼 관대하기도 하다.

영국 경제학자인 앤 페티포Ann Pettifor는 엄청난 괴짜로, 비록 저서 《돈의 생산The Production of Money》은 나도 아직 읽지 않았지만, 그녀의 강의는 항상 즐겨 듣는다. 친구들 말로는 이 책도 끝내준다고 한다. 그리고 미국의 경제학자이자 트로츠키의 대자로 알려져 있는 마이클 허드슨Michael Hudson은 《숙주 죽이기Killing the Host》라는 멋진 책을 썼다.

전 그리스 재무장관이었던 유명한 경제학자 야니스 바루파키스Yanis Varoufakis도 꽤 화끈한 강의를 한다. 그의 책 《세계를 위협하는 미노타우로스The Global Minotaur》를 읽어 봤는데, 너무 비유 범벅이어서 나와는 맞지 않았다. 여러분은 좋아할 수도 있겠다. 그렇지 않다 하더라도, 유튜브에서 쉽게 찾아볼 수 있는 그의 연설은 아주 훌륭하다. 특히 2013년 5월 14일 크로아티아 자그레브에서 열린 전복 페스티벌에서 한 기조연설 〈변덕스러운 마르크스주의자의 고백Confessions of an Erratic Marxist〉은 최고다. 그는 웅장한 서사보다 현재 일어나고 있는 일에 대한 현재진행형 설명을 할 때 가장 뛰어난 것 같다.

서사를 아주 노련하게 제시하는 이들로는 지제크나 블라이스를 들 수 있다. 하지만 이들은 경제학자라기보다는 철학자에 가깝다. 개인적으로는 지제크를 더 선호한다. 여러분은 조금 더 숫자에 강할 수도 있겠지만 나는 앞에서도 이야기했듯이 예술가에 더 가깝다.

경제학자의 이론을 공부할 때는 주의해야 한다. 그들의 자유주의 성향을 살펴보고, 만약 자유주의자라면 자신이 그런 부류에 속한다는 사실을 스스로 알고 있는지 확인하라. 그들이 특정한 사상에 대해 자신이 가진 신념을 인정하지 않고 그들의 편견을 진실인 것처럼 단순하게 제시한다면 의심하라. 망상을 구경할 목적으로만 접근한다면 때로 이런 글은 상당히 읽는 재미가 있다. 밀레니얼 세대의 도덕적 결함에 대해 헛소리를 장광설로 늘어놓는 호주의 경제학자인 스티븐 쿠쿨라스Stephen Koukoulas 같은 인물로부터도 많은 것을 배울 수 있다. '인간의 본성'이나 특정 집단(그의 경우에는 청년층)의 특성에 대해 떠드는 사람들은 철저한 관념주의자라는 사실을 기억하라. 그들은 우리 또는 진정한 자유의 적을 탐색하고자 할 경우에만 읽기 좋다.

하지만 레닌은 좋다. 그의《제국주의, 자본주의의 최고의 단계》와《국가와 혁명》은 생각보다 읽기 쉽다. 개인적으로는 트로츠키보다 레닌의 저서가 더 감동적이라고 생각한다. 하지만 여기에서 너무 깊이 들어가고 싶지는 않다. 나의 마르크스주의는 비주류 이단에 가깝다. 또 바로 다음 주에라도 내 생각이 바뀔 수도 있다. 그때쯤이면 완전 트로츠키주의자가 되어 있을지도 모르겠다.

여러 근엄한 마르크스주의자들은 현재 프랑크푸르트학파라는 이름으로 지칭되는 학자들이 정체성 정치학을 번성하게 만들었다며 그들을 묵살한다. 나는 신자유주의가 여기에 책임이 있다고 생각하는 쪽인데, 어쨌든 아도르노를 읽는다. 나는 그의《땅에 떨어진 별 The Stars Down to Earth》이라는 에세이를 좋아한다. 그가 호르크하이머 Horkheimer와 함께 쓴《계몽의 변증법》은 정말 최고다.

발터 벤야민의 글도 환상적이다. 마르크스주의자건 아니건, 모든 사람이 그의 에세이《서재를 정리하며Unpacking My Library》를 사랑하는데 이는 그 글이 너무나 아름답기 때문이다.

헤르베르트 마르쿠제Herbert Marcuse의 베스트셀러《일차원적 인간》역시 매우 유용하다. 비록 그 역시 이른바 '문화적' 마르크스주의자로 널리 알려져 있지만 말이다. 사실 나는 문화적 마르크스주의라는 것이 실제로 존재할 수 있다고 생각하지 않는다.

그람시는 짱이다. 무혈 개혁에 대한 그의 낙관주의를 참을 수 있을 가와는 별개로,《그람시의 옥중수고》는 마르크스주의자를 위한 필독서다. 진짜 마르크스주의와 관련된 내용과 독특한 인생 이야기도 모두 누락된 것처럼 보이는 이전 버전 말고 최근 개정판을 구하는 게 좋다. 로자 룩셈부르크와 죄르지 루카치도 마찬가지다. 나는 루이 알튀세르는 잘 모르겠지만, 원한다면《마르크스를 위하여》를 읽어 보아도 좋을 것 같다.

내가 이 책을 마무리하는 시기에 딱 맞춰 초심자를 위한 마르크스 주의 안내서가 여러 권 나왔다. 첫 몇 페이지 들여다봐서 마음에 들면 읽고 아니면 읽지 않아도 좋다. 듣기로는 다 좋다고 한다. 그렇지만 마르크스가 우리에게 자본주의에 대해서, 그리고 자본주의가 지배 하는 모든 관계에 대해서 알기 쉬운 견해를 제시하고 있지는 않으므로 폭넓게, 그리고 담대하게 읽어 보기를 추천하는 바이다.

낸시 프레이저Nancy Fraser도 기가 막힌다. 그 외에 널리 인정받는 살아 있는 사상가들로는 타리크 알리Tariq Ali, 리처드 D 울프Richard D Wolff, 앤절라 네이글Angela Nagle, 리처드 세이모어Richard Seymour, 아룬다티 로이Arundhati Roy, 샘 크리스Sam Kriss, 그리고 나의 동지 야스민 나이르 Yasmin Nair가 출판하는 모든 것을 들 수 있다. 인터넷에서 야스민 나이르의 이름을 검색해 보라.

힐러리 클린턴에게 각별한 관심이 있다면 그녀도 저자로 참여한 《잘못된 선택들False Choices》을 꼭 읽어 보라. 미국 저널리스트인 크리스 헤지스Chris Hedges도 보통은 마르크스주의자에 속하지만, 그가 완전 흥분해서 성 노동자에 대해서 훈계를 늘어놓을 때면 그냥 무시해 버려라. 빌어먹을, 이 사람들에게 그건 일일 뿐이라고. 이들에게 필요한 건 당신의 특별한 구원자 행세 콤플렉스가 아니다. 다른 모든 노동자들과 마찬가지로 이들도 보호받을 자격이 있다.

인종과 자본주의에 대해서도 뛰어난 책들이 많다. 나는 프란츠 파농Frantz Fanon의 《검은 피부, 하얀 가면》으로 입문했다. 또한 1970년대 초반 미국의 흑인 민권 운동뿐만 아니라 특별한 호주판 운동에 대해서도 공부해 볼 것을 강력하게 권한다. 게리 폴리 박사가《원주민 천막 대사관: 주권, 흑인 권력, 토지권, 그리고 국가The Aboriginal Tent Embassy: Sovereignty, Black Power, Land Rights and the State》라는 책을 편집했고, 멜버른대학 도서관에서 그의 흑인 권력운동에 관한 박사 논문도 확인할 수 있다. 그의 웹사이트(www.kooriweb.org)에도 호주의 흑인 역사에 대한 아주 특별한 문서와 관점, 해설이 담겨 있다.

토머스 프랭크Thomas Frank의 저서《민주당의 착각과 오만》도 진짜 재미있다. 버니 샌더스나 로버트 라이시Robert Reich와 마찬가지로 프랭크도 매우 중도적인 인물이며 민주당 개혁에 대한 신념을 가지고 있다. 개인적으로 나는 이 자기 이익만을 챙기는 불로소득자들 무리를 진정한 민주주의 프로젝트로 이끄는 것은 인민 최후의 투쟁 정도 되지 않는 다음에야 11시 전에 나를 침대에서 기어 나오게 하는 것만큼이나 기대하기 쉽지 않다고 생각하지만, 이 사람들은 개혁에 대한 꿈을 지지하는 똑똑하고 괜찮은 사람들이고 그들의 통찰에서 여러 지침을 얻을 수 있을 것이다.

문제는 생각하는 것이다. 모든 문자와 단어에 비판적으로 접근하는 습관을 가지고, 관대하고 진실해 보이는 사람이 실제로도 항상 유용한 사상을 전파하고 있다고 막연히 받아들이지 마라. 어떤 사람을 개인적으로 좋아하고 그 사람이 살아온 길을 진심으로 인정할 수 있다. 다만 반드시 비판적 시선을 유지해야 한다. 인종의 중요성을 간과하는 마르크스주의자는 스스로를 '나쁜 여자'라고 부르면서 부의 불평등이라는 배경을 무시하거나 저 자유주의자들이 이번 주에 입고 있는 티셔츠가 얼마나 노예노동과 가까운 환경에서 생산되었는지 무시하는 페미니스트만큼이나 끔찍할 뿐이다.

이런 의구심이 고개를 내밀기 시작할 때, 그때가 마르크스로 돌아갈 시간이다. 그의 글들(마르크스의 글은 Marxists.org에서 거의 다 찾아볼 수 있다)이 비평을 초월하기 때문이 아니다. 그를 난공불락의 신과 가까운 존재로 여겨서도 아니다. 그의 작품(너무 유명해졌다는 이유로 《공산당선언》을 무시해서는 안 된다. 이거야말로 정말 끝내주는 글이다)이 이러한 복잡성으로 충만하기 때문이다.

일반적으로 《독일 이데올로기》 출판을 기점으로 마르크스가 '두 종류'로 나뉘는 것은 사실이지만, 동시에 마르크스가 그의 일생 전체에 걸쳐서 발전시킨 주제가 있는 것도 사실이다. 그는 개인의, 그리고 모두의 자유에 대한 갈망에서 출발하여 거의 아무도 해내지 못한 업적을 이루어 냈다. 이것이 지금도 마르크스를 읽어야 하는 첫 번째 이유다. 《자본론》을 다 읽을 필요는 없지만, 제1권은 조금이라도 맛보면 좋을 것 같다. 현재를 사는 여러분이 지금의 시대를 이해할 수 있는 일말의 희망이라도 찾고자 한다면 이 털북숭이 노인네를 알아볼 필요가 있다고 나는 믿는다.

밀레니얼은 왜 가난한가

초판 1쇄 발행 2020년 1월 5일
초판 2쇄 발행 2020년 2월 15일

지은이 헬렌 레이저
펴낸이 김종길 **펴낸 곳** 글담출판사 **브랜드** 아날로그

기획편집 이은지 · 이경숙 · 김진희 · 김보라 · 김윤아 **마케팅** 박용철 · 김상윤
디자인 엄재선 · 손지원 **홍보** 정미진 · 김민지 **관리** 박인영

출판등록 1998년 12월 30일 제2013-000314호
주소 (04029) 서울시 마포구 월드컵로8길 41(서교동 483-9)
전화 (02) 998-7030 **팩스** (02) 998-7924
페이스북 www.facebook.com/geuldam4u **인스타그램** geuldam
블로그 http://blog.naver.com/geuldam4u

ISBN 979-11-87147-49-7 (03330)
책값은 뒤표지에 있습니다.
잘못된 책은 바꾸어 드립니다.

이 도서의 국립중앙도서관 출판시도서목록(CIP)은 e-CIP 홈페이지(http://www.nl.go.
kr/ecip)와 국가자료공동목록시스템(http://www.nl.go.kr/kolisnet)에서 이용하실 수
있습니다. (CIP 제어번호 : 2019050288)

만든 사람들 ————————
책임편집 김윤아 **표지 디자인** 김종민 **본문 디자인** 손지원

글담출판에서는 참신한 발상, 따뜻한 시선을 가진 원고를 기다리고 있습니다.
원고는 글담출판 블로그와 이메일을 이용해 보내주세요. 여러분의 소중한 경험과 지식을 나누세요.
블로그 http://blog.naver.com/geuldam4u **이메일** geuldam4u@naver.com